Salate

GU Rezepte-Wegweiser 2
Überblick über die Rezepte des Buches mit ihren wichtigsten Eigenschaften.

Elegante Vorspeisensalate 4
Der kleine, aber feine Einstieg zum Menü.
Außerdem:
Zur Begleitung: Toast, Knoblauchbaguette, Bruschetta 4
Schön in Form 5

Salatideen aus al
Internationale Spe
aus Asien, Amerika und Afrika.
Außerdem:
Kleine Warenkunde 16
Und die Deko 17

Witzige Bistrosalate 28
Frisches und Knackiges für zwischendurch.
Außerdem:
Blattsalate 28
Fertige Mischungen 29
Salat vorbereiten 29
So wird's knackiger 29

: 40
ıal ganz anders.
Außerdem:
Essig & Öl 40
Klassische Salatsaucen 41

Partysalate 50
Für die Feste nur das Beste!
Außerdem:
Die Mengen 50
Salatbuffet 50
Frische Zutaten 51
Gewürzfladen 51

Register 62
Impressum 62
Abkürzungen 64

Rezept	Seite	Kalorien/Portion	Für die schlanke Linie	Spezialität	Preiswert	Gut vorzubereiten	Raffiniert	Gelingt leicht	Für Gäste	Schnell
Spargelsalat mit Schinkenmousse	6	210			●				●	
Romanasalat mit Garnelen	6	330					●	●		
Jakobsmuscheln auf Spinatsalat	8	170	●				●		●	
Rucolasalat mit Bündner Fleisch	9	230					●	●		●
Melonen-Gurken-Salat mit Minze	10	200	●				●		●	
Artischockenherzen mit Schinken	10	400			●		●			
Friséesalat mit Mango und Putenstreifen	12	360					●		●	
Geräuchertes Forellenfilet auf Feldsalat	13	300					●	●	●	
Lollo rosso mit Austernpilzen und Speck	14	280							●	●
Chicorée mit Avocado und Lachs	14	240					●		●	●
Caesar's Salad	18	500		●	●				●	●
Salade Niçoise	19	350		●			●		●	
Panzanella	20	390		●	●		●		●	
Bauernsalat	20	430		●	●		●		●	●
Glasnudelsalat mit Gemüse	22	470		●			●			
Gado Gado	22	510		●						●
Lauwarmer Auberginensalat	24	290	●	●					●	
Tabouleh	24	270	●	●	●					
Meeresfrüchtesalat mit Gemüse	26	330		●		●			●	
Matjessalat mit roter Bete	27	870		●		●			●	
Lammhackbällchen auf Blattsalaten	30	670					●	●		●
Lauwarmer Gemüsesalat mit Ingwer	30	250	●				●			
Steakstreifen auf Friséesalat	32	300	●						●	●	●
Käsesalat mit Knoblauchnüssen	33	720					●		●	
Scampi auf Zuckerschoten	34	450					●		●	●

Rezept	Seite	Kalorien/Portion	Für die schlanke Linie	Spezialität	Preiswert	Gut vorzubereiten	Raffiniert	Gelingt leicht	Für Gäste	Schnell
Hühnerbrüstchen auf Blattsalaten	34	570			•	•				•
Feldsalat mit Geflügelleber	36	440				•	•		•	
Champignonsalat mit Paprika und Salami	37	440					•			•
Gebratener Thunfisch auf Radicchio	38	540					•			•
Eichblattsalat mit gratiniertem Ziegenkäse	38	640				•			•	•
Selleriesalat mit Senfsauce	42	540			•	•	•			
Bunter Tomatensalat	42	340			•	•				•
Bohnensalat mit Rucola und Kirschtomaten	44	200	•						•	
Hähnchensalat mit Ananas und Sprossen	45	550			•	•				
Gurkensalat mit Dill	46	190	•		•		•			•
Gurkensalat mit Erdbeeren	46	130	•			•				•
Gurkensalat mit Forelle	47	250			•				•	•
Gurkensalat mit Kresse und Sesam	47	170	•				•			•
Kopfsalat mit Radieschensprossen	48	140	•		•		•			•
Kartoffelsalat	48	350			•	•				
Putensalat mit Lauch und Austernpilzen	52	220	•			•			•	
Nudel-Gemüse-Salat mit Parmesansauce	53	330				•	•		•	
Wurstsalat mit Radieschen	54	650		•	•		•		•	•
Deftiger Linsensalat	54	570			•	•			•	
Gemüserohkost mit Mortadella	56	340					•		•	•
Bunter Eiersalat mit Mais	56	310			•	•	•		•	
Reissalat mit Thunfisch und Tomaten	58	350			•	•			•	
Eisbergsalat mit Kasseler	59	300					•		•	•
Kartoffel-Gemüse-Salat	60	290			•	•	•		•	
Bohnensalat mit Avocadosauce	60	300				•			•	

Wegweiser

Elegante Vorspeisensalate

Die Vorspeise sollte immer einen Kontrast zum Hauptgang bilden: zu Fleisch paßt ein Salat mit Fisch oder Meeresfrüchten, wenn Fisch serviert wird, harmoniert Fleisch oder Geflügel. Grundsätzlich gilt, je üppiger das Hauptgericht, desto leichter sollte die Vorspeise sein. Vorspeisensalate sehen auf großen Tellern besonders edel und appetitlich aus. Wenn Fisch und Meeresfrüchte dabei sind, eignen sich Glasteller oder -schalen sehr gut.

Und zur Begleitung Toast und Butter

Für besondere Anlässe kann man aus getoastetem Weißbrot Herzchen, Sterne, Rauten oder andere Formen ausstechen. Das geht mit Plätzchenausstechern oder mit speziellen Sandwichausstechern, die höher und größer sind.

Knoblauchbaguette

Dafür 1 Baguette in etwa 3 cm Abstand tief einschneiden, Knoblauchbutter dazwischenstreichen (selbstgemacht oder fertig gekauft) und in Alufolie packen. Für 15 Min. in den auf 200° vorgeheizten Backofen legen, bis die Butter geschmolzen und das Brot schön warm ist.

Bruschetta

Für diese italienische Köstlichkeit 1 Fleischtomate überbrühen, häuten, entkernen, das Fruchtfleisch in kleine Würfel schneiden und in eine Schüssel füllen. 1/2 Bund Basilikum abbrausen, fein hacken und zu den Tomatenwürfeln geben. 1 Knoblauchzehe schälen und dazupressen. 1 EL Olivenöl dazugießen, alles mischen und mit Salz und Pfeffer würzen. Fingerdicke Baguette- oder Toskanerbrotscheiben nach Belieben toasten und die Tomatenmischung darauf verteilen.

Elegante Vorspeisensalate

Schön in Form

Salat wirkt noch appetitlicher, wenn er dekorativ angerichtet wird. Dafür gibt es ein paar Küchengeräte, die die Vorbereitungen um einiges erleichtern.

Kugelausstecher: Man kann damit das Fruchtfleisch aus Obst und Gemüse in Kugelform herauslösen, besonders bei hartfleischigen Früchten wie Gurken, Zucchini, Melonen, Äpfeln, Birnen. Die kleinen Kugeln sehen sehr appetitlich aus.

Gemüsekerber: Ein Messer, das als Dreieck zuläuft. Mit seinen scharfen Kanten kann man Gemüse und Früchte in dieser Form einkerben.

Buntmesser: Ein Messer mit gewellter Klinge. So bekommt alles, was damit abgeschnitten wird, eine wellige Oberfläche. Schön für Möhren, Zucchini oder Gurken.

Zestenreißer: Er wird hauptsächlich zum Ablösen von Zitrusfruchtschalen verwendet. Man drückt ihn fest an die Schale und zieht schmale Streifen davon ab. Das sieht sehr dekorativ aus. Sie können das auch mal bei Gurken, Möhren, Zucchini probieren, wenn Sie besonders schmale Streifen von der Schale ablösen möchten.

Nocken abstechen: Dafür Suppenlöffel in heißes Wasser tauchen. Mit einem Löffel die Masse abstechen, mit dem zweiten die Nocken formen und auf den Salat setzen. Mehrere kleine Nocken sehen auch sehr schön aus, dazu mit Teelöffeln ebenso verfahren.

Von links nach rechts im Uhrzeiger sehen Sie: Buntmesser, Gemüsekerber, Zestenreißer, Kugelausstecher.

Mango vorbereiten

Die Mango mit einem Sparschäler schälen. Das Fruchtfleisch rund um den Kern in Längsspalten abschneiden.

Gemüse blanchieren

Das vorbereitete Gemüse in kochendem Salzwasser wenige Minuten knackig garen, dann in eiskaltem Wasser (am besten ein paar Eiswürfel dazugeben) abschrecken. So bekommt es eine intensive, frische Farbe und der Garvorgang wird gestoppt.

Elegante Vorspeisensalate

Spargelsalat mit Schinkenmousse

● Gut vorzubereiten
● Für Gäste

Für 4 Personen:

250 g gekochter Schinken
100 g Crème fraîche
Salz · Pfeffer
1 Prise Cayennepfeffer
Zitronensaft
500 g weißer Spargel
500 g grüner Spargel
3 EL Weißweinessig
1 TL scharfer Senf
4 EL Öl
1 Handvoll Kerbel

Zubereitungszeit: 1 1/4 Std.
Pro Portion ca.: 1400 kJ/330 kcal
17 g Ew/18 g F/6 g Kh

1 Den Schinken, falls nötig, vom Fettrand befreien, grob zerschneiden und mit der Crème fraîche im Mixer pürieren. Die Masse mit Salz, Pfeffer, Cayennepfeffer und Zitronensaft abschmecken und zugedeckt 1 Std. kalt stellen.

2 Inzwischen reichlich Salzwasser aufkochen lassen. Den weißen Spargel sorgfältig von oben nach unten schälen und die Enden abschneiden. Den grünen Spargel waschen, das untere Drittel schälen und die Enden abschneiden. Grünen und weißen Spargel in etwa 3 cm lange Stücke schneiden, die Spitzen beiseite legen.

3 Den weißen Spargel 6 Min. garen. Dann den grünen Spargel dazugeben, weitere 10 Min. garen, die Spitzen noch 5 Min. mitgaren. Den Spargel abgießen und in einem Sieb gut abtropfen lassen.

4 Den Essig mit Salz und dem Senf verrühren, bis sich das Salz aufgelöst hat. Dann das Öl in dünnem Strahl dazufließen lassen und dabei mit dem Schneebesen kräftig schlagen, bis eine cremige Sauce entstanden ist.

5 Den Spargel in eine Schüssel füllen, die Salatsauce darüber gießen. Kerbel abbrausen, die Blättchen abzupfen, dazugeben und alles gut durchmischen. 15 Min. ziehen lassen.

6 Von der Schinkenmousse mit einem Eßlöffel Nocken abstechen und auf vier Tellern anrichten. Den Spargelsalat dekorativ daneben verteilen. Als Beilage passen Toast und Butter, als Getränk Champagner oder Sekt.

Romanasalat mit Garnelen

● Gelingt leicht
● Raffiniert

Für 4 Personen:

Salz
250 g Prinzeßbohnen
2 rosa Grapefruits
1 Kopf Romanasalat
2 Schalotten
4 EL Aceto Balsamico
5 EL Erdnußöl
Pfeffer
1 Prise Cayennepfeffer
150 g gegarte und geschälte Garnelen

Zubereitungszeit: 30 Min.
Pro Portion ca.: 870 kJ/210 kcal
10 g Ew/11 g F/15 g Kh

1 Salzwasser aufkochen lassen. Von den Bohnen die Enden abknipsen. Die Bohnen waschen und im kochenden Wasser in 5–8 Min. knackig garen, eiskalt abschrecken und gut abtropfen lassen.

2 Die Grapefruits so schälen, daß die innere weiße Haut mit entfernt wird. Dann mit einem scharfen Messer die Filets herauslösen, entkernen und in Stücke schneiden.

3 Den Romanasalat putzen, in fingerbreite Streifen schneiden, waschen und sehr gut abtropfen lassen oder trockenschleudern.

4 Die Schalotten schälen und fein hacken. Aus Essig, Öl, Salz, Pfeffer und Cayennepfeffer mit dem Schneebesen eine cremige Salatsauce rühren und die Schalotten untermischen.

5 Die Bohnen mit den Grapefruitstückchen und dem Romanasalat in der Sauce wenden und auf vier Tellern verteilen. Die Garnelen darauf anrichten und mit der restlichen Sauce beträufeln. Als Beilage schmeckt Toast mit Butter, als Getränk Champagner oder Sekt.

Im Bild vorne: Spargelsalat mit Schinkenmousse
Im Bild hinten: Romanasalat mit Garnelen

Jakobsmuscheln auf Spinatsalat

- Für die schlanke Linie
- Für Gäste

Für 4 Personen:

200 g Blattspinat
1 Schalotte
3 EL Sherryessig
3 EL geröstetes Sesamöl
1 EL Sojasauce
Salz
Pfeffer
150 g Kirschtomaten
250 g ausgelöste Jakobsmuscheln
2 EL Butter

Zubereitungszeit: 35 Min.
Pro Portion ca.: 730 kJ/170 kcal
8 g Ew/13 g F/5 g Kh

1 Den Blattspinat verlesen und die Stiele abknipsen. Die Spinatblätter mehrmals gründlich waschen und in einem Sieb sehr gut abtropfen lassen. Die Schalotte schälen und fein hacken.

2 In einer großen Schüssel den Essig mit dem Öl, der Sojasauce, Salz und Pfeffer mit dem Schneebesen zu einer cremigen Marinade rühren.

3 Die Tomaten waschen, halbieren und zusammen mit dem Spinat und der Schalotte in die Schüssel geben und mehrmals in der Salatsauce wenden. Den Salat auf vier Tellern anrichten.

4 Die Jakobsmuscheln kalt abspülen und trockentupfen. Die Butter in einer Pfanne erhitzen, die Muscheln darin beidseitig 3 Min. braten, salzen, pfeffern und lauwarm auf dem Spinatsalat anrichten. Reichen Sie dazu getoastetes Baguette mit Butter und Weißwein oder Cava (Sekt aus Spanien).

Rucolasalat mit Bündner Fleisch

● Raffiniert
● Gelingt leicht

Für 4 Personen:

2 Bund Rucola
250 g Kirschtomaten
3 EL Sherryessig
5 EL Olivenöl
Salz
Pfeffer
1 Prise Zucker
1 Bund Petersilie
2 Knoblauchzehen
1 Ei
8 dünne Scheiben Baguette
150 g Bündner Fleisch in dünnen Scheiben

Zubereitungszeit: 25 Min.

Pro Portion ca.: 970 kJ/230 kcal
12 g Ew/15 g F/13 g Kh

1 Den Rucola putzen, dabei die Stiele abknipsen. Den Salat waschen und in einem Sieb gut abtropfen lassen. Die Tomaten waschen, halbieren und mit dem Rucola auf vier Tellern anrichten.

2 Den Essig mit 3 EL Olivenöl, Salz, Pfeffer und Zucker mit dem Schneebesen zu einer cremigen Sauce verrühren und über den Salat träufeln.

3 Die Petersilie waschen, abzupfen, fein hacken und auf einen flachen Teller geben. Den Knoblauch schälen, dazupressen und untermischen. Das Ei in einem tiefen Teller verquirlen, mit Salz und Pfeffer würzen.

4 Die Baguettescheiben erst durch das Ei ziehen, dann in der Petersilie wenden. Das restliche Olivenöl in einer Pfanne erhitzen und die Brotscheiben bei mittlerer Hitze darin in 5 Min. goldbraun braten, dabei einmal wenden.

5 Das Bündner Fleisch locker auf dem Salat anrichten und mit den warmen Kräuterbaguettes sofort servieren.

Melonen-Gurken-Salat mit Minze

- Gelingt leicht
- Für die schlanke Linie

Für 4 Personen:

1 Salatgurke
1 Ogenmelone (etwa 700 g)
1 Bund frische Minze
1 kleines Bund glatte Petersilie
5 EL Zitronensaft
1 Prise Zucker
Salz
Pfeffer
5 EL Sonnenblumenöl
150 g gegarte und geschälte Tiefseegarnelen

Zubereitungszeit: 30 Min.

Pro Portion ca.: 850 kJ/200 kcal
10 g Ew/13 g F/12 g Kh

1 Die Gurke schälen, quer halbieren, dann längs vierteln, mit einem Teelöffel entkernen und in etwa zentimetergroße Stücke schneiden. Die Melone achteln, entkernen, das Fruchtfleisch aus der Schale lösen und in mundgerechte Stücke schneiden. Mit der Gurke in eine Schüssel füllen.

2 Die Minze und die Petersilie abbrausen, die Blättchen grob hacken und dazugeben.

3 Den Zitronensaft mit dem Zucker, Salz, Pfeffer und Öl verrühren und über die Salatzutaten gießen. Die Garnelen hinzufügen, alles gut mischen und 10 Min. ziehen lassen. Als Getränk paßt Prosecco.

TIP!

Die Ogenmelone gehört zur Gattung der Zuckermelonen. Sie hat eine grüngelbe Schale, ihr Aroma ist etwas herber als das der anderen Zuckermelonen. Sie können für den Salat auch eine Netz-, Kantalup-, Honig- oder Charentais-Melone verwenden.

Artischockenherzen mit Schinken

- Raffiniert
- Gut vorzubereiten

Zutaten für 4 Personen:

2 Dosen Artischockenherzen (je 240 g Inhalt)
1 kleine Zwiebel
2 EL Olivenöl
1 Knoblauchzehe
Salz
Pfeffer
1 Prise Cayennepfeffer
1 Prise Zucker
1 Zweig Thymian
200 ml trockener Weißwein (ersatzweise Fleischbrühe)
4 EL Weißweinessig
je 1 gelbe und rote Paprikaschote
150 g roher Schinken in nicht zu dünnen Scheiben
Salatblätter zum Anrichten

Zubereitungszeit: 30 Min.

Pro Portion ca.: 1700 kJ/400 kcal
11 g Ew/18 g F/21 g Kh

1 Die Artischockenherzen in einem Sieb abtropfen lassen und je nach Größe halbieren oder vierteln. Dann in eine Schüssel füllen.

2 Die Zwiebel schälen und fein hacken. Das Öl in einem kleinen Topf erhitzen und die Zwiebelwürfel darin glasig braten. Den Knoblauch schälen und dazupressen. Mit Salz, Pfeffer, Cayennepfeffer und Zucker würzen und den Thymianzweig dazugeben. Mit Weißwein und 2 EL Weißweinessig aufgießen und einmal aufkochen lassen. Heiß über die Artischocken gießen und abkühlen lassen.

3 Inzwischen die Paprikaschoten putzen, waschen, erst in schmale Streifen, dann in kleine Würfel schneiden. Den Schinken in schmale Streifen schneiden.

4 Die Artischocken mit einem Schaumlöffel aus dem Sud nehmen und mit den Paprikawürfeln und den Schinkenstreifen in eine Salatschale füllen.

5 Von dem Sud 3 EL abnehmen, mit dem restlichen Essig, Salz und Pfeffer zu einer Marinade verrühren und über die Salatzutaten gießen. Alles durchmischen und bis zum Servieren kühl stellen. Vier Teller mit Salatblättern auslegen und den Salat dekorativ darauf anrichten. Als Beilage Weißbrot und als Getränk trockenen Sherry reichen.

TIP!
Wenn's ganz schnell gehen soll, bereits fertig marinierte Artischockenherzen aus dem Glas nehmen.

Im Bild vorne: Artischockenherzen mit Schinken
Im Bild hinten: Melonen-Gurken-Salat mit Minze

Friséesalat mit Mango und Putenstreifen

● Für Gäste
● Raffiniert

Für 4 Personen:

400 g Putenschnitzel
2 EL Öl
2 EL Sesamsamen
Salz · Pfeffer
1 kleiner Friséesalat (etwa 200 g)
1 Mango
2 EL Crème fraîche
1/2 TL Curry
4–5 EL Zitronensaft
3 EL Sojaöl
1 TL Honig

Zubereitungszeit: 40 Min.

Pro Portion ca.: 1490 kJ/360 kcal
25 g Ew/24 g F/11 g Kh

1 Die Putenschnitzel in zentimeterbreite Streifen schneiden. Das Öl in einer Pfanne erhitzen und das Fleisch darin bei mittlerer Hitze in 5 Min. goldbraun braten. 1 EL Sesam darüber streuen und kurz mitrösten. Das Fleisch salzen, pfeffern und aus der Pfanne nehmen. Den restlichen Sesam in der Pfanne hellbraun rösten und beiseite stellen.

2 Den Friséesalat putzen, zerzupfen, waschen und in einem Sieb gut abtropfen lassen.

3 Die Mango schälen und das Fruchtfleisch in Spalten rund um den Kern abschneiden. Ein Drittel des Fruchtfleischs mit der Crème fraîche pürieren, mit Salz, Pfeffer, Curry und 2 EL Zitronensaft würzen. Die restliche Mango in kleine Würfel schneiden.

4 Den restlichen Zitronensaft mit dem Sojaöl, dem Honig, Salz und Pfeffer verrühren. Den Friséesalat in der Salatsauce wenden und auf vier Tellern anrichten. Die Putenstreifen darauf verteilen und jeweils 1 Klecks Mangopüree darauf setzen. Mit den Mangowürfeln und dem gerösteten Sesam bestreuen.

Geräuchertes Forellenfilet auf Feldsalat

- Raffiniert
- Gelingt leicht

Für 4 Personen:

200 g Feldsalat
2 Möhren
3 Schalotten
2 EL Kräuteressig
1 Msp. scharfer Senf
Salz
Pfeffer
3 EL Walnußöl
1 Bund Schnittlauch
2 EL Pinienkerne
400 g geräucherte Forellenfilets

Zubereitungszeit: 30 Min.

Pro Portion ca.: 1230 kJ/300 kcal
23 g Ew/19 g F/9 g Kh

1 Den Salat putzen, waschen und in einem Sieb gut abtropfen lassen. Die Möhren schälen und auf der Gemüsereibe in dünne Stifte raspeln. Die Schalotten schälen und fein hacken.

2 In einer großen Schüssel den Essig mit Senf, Salz und Pfeffer verrühren. Das Öl unterrühren, bis eine cremige Sauce entstanden ist. Den Schnittlauch abbrausen, in Röllchen schneiden und zur Hälfte mit den Schalotten in die Sauce geben.

3 Die Pinienkerne in einer trockenen beschichteten Pfanne bei schwacher Hitze goldbraun rösten.

4 Den Feldsalat und die Möhren in der Salatsauce wenden und die Pinienkerne untermischen. Den Salat auf vier Tellern verteilen.

5 Die Forellenfilets in mundgerechte Stücke schneiden und auf dem Salat anrichten. Mit dem restlichen Schnittlauch bestreuen.

Lollo rosso mit Austernpilzen und Speck

● Für Gäste
● Gelingt leicht

Für 4 Personen:

1 Kopf Lollo rosso
3 EL Sherryessig
5 EL Walnußöl
Salz
Pfeffer
100 g durchwachsener Speck
4 Knoblauchzehen
200 g Austernpilze
1 EL Öl

Zubereitungszeit: 30 Min.
Pro Portion ca.: 1190 kJ/280 kcal
9 g Ew/26 g F/4 g Kh

1 Den Salat waschen, größere Blätter zerzupfen und in einem Sieb gut abtropfen lassen. In einer großen Schüssel den Essig, das Walnußöl, Salz und Pfeffer zu einer cremigen Sauce verrühren.

2 Den Speck von der Schwarte befreien und klein würfeln. Den Knoblauch schälen und in dünne Scheiben schneiden. Die Austernpilze, falls nötig, von den harten Wurzelansätzen befreien und in Streifen schneiden.

3 Das Öl in einer Pfanne erhitzen und den Speck darin bei mittlerer Hitze auslassen. Die Pilze und den Knoblauch darin 5–7 Min. unter Rühren kräftig anbraten.

4 Den Salat in der Salatsauce wenden und auf vier Teller verteilen. Die Pilze mit Salz und Pfeffer würzen, daneben anrichten und noch warm servieren.

VARIANTE

Anstelle von einer Salatsorte können Sie auch mehrere mischen, z.B. Radicchio, Rucola und Friséesalat. Den Speck können Sie durch geräucherte, kalorienarme Putenbrust ersetzen.

Chicorée mit Avocado und Lachs

● Schnell
● Raffiniert

Für 4 Personen:

500 g Chicorée
4–5 EL Zitronensaft
5 EL Distelöl
1 Prise Zucker
Salz
Pfeffer
1 reife Avocado
200 g Räucherlachs in dünnen Scheiben

Zubereitungszeit: 20 Min.
Pro Portion ca.: 1000 kJ/240 kcal
12 g Ew/18 g F/9 g Kh

1 Den Chicorée putzen, in die einzelnen Blätter zerteilen und dabei den bitteren Kern entfernen. Den Salat waschen und in einem Sieb gut abtropfen lassen.

2 In einer großen Schüssel 2 EL Zitronensaft, das Öl, den Zucker, Salz und Pfeffer mit dem Schneebesen zu einer cremigen Sauce verrühren.

3 Die Avocado schälen, halbieren und den Kern entfernen. Das Fruchtfleisch quer in Streifen schneiden und sofort mit dem restlichen Zitronensaft beträufeln, leicht salzen und pfeffern.

4 Den Chicorée in der Salatsauce wenden und die Blätter sternförmig auf vier Teller legen. Die restliche Sauce darüber träufeln. Die Räucherlachsscheiben zu Röllchen formen und mit den Avocadostreifen darauf anrichten.

VARIANTE

Anstelle von Lachs paßt auch geräuchertes Forellenfilet sehr gut. Aber auch gebratenes, in Scheiben geschnittenes Hühnerbrustfilet.

Im Bild vorne: Chicorée mit Avocado und Lachs
Im Bild hinten: Lollo rosso mit Austernpilzen und Speck

Salatideen aus aller Welt

Jedes Land hat seine eigenen Spezialitäten aus den Zutaten, die die Natur aufgrund der Bodenbeschaffenheit und des Klimas zu bieten hat. Im Mittelmeerraum wachsen Gemüse, Oliven, Knoblauch und Kräuter. In Asien werden exotische Zutaten wie Glasnudeln, Ingwer, Sesamöl und Früchte verwendet. Orientalische Gerichte bestehen oft aus Getreide wie Couscous und Bulgur und sind intensiv gewürzt mit Minze, Safran, Kreuzkümmel und viel Zitronensaft. Avocados, Mais, Bohnen und die unterschiedlichsten Chilisorten dominieren in Speisen aus Mexiko und anderen südamerikanischen Ländern. Der Favorit in Nordamerika ist ein absoluter Klassiker: Caesar's Salad aus Romanasalat, Croûtons und Parmesandressing. In den USA gibt es eine riesige Auswahl an unterschiedlichen, fertigen Salatdressings, »Blue Cheese« und »Thousand Islands« sind die bekanntesten.

Haben Sie Lust bekommen, kulinarisch zu verreisen? Bitte, hier finden Sie eine Auswahl internationaler Salatrezepte.

Kleine Warenkunde

Couscous ist eine Weizengrütze, die vor allem in Nordafrika zum gleichnamigen Gericht über Dampf zubereitet wird. In gutsortierten Supermärkten und im Reformhaus zu erhalten.
Glasnudeln sind sehr dünne, asiatische Nudeln aus Reismehl. Werden durch Kochen oder Überbrühen glasig. Haben kaum Eigengeschmack und brauchen viel Würze.
Ingwer sind knollige Wurzelstücke einer asiatischen Staudenpflanze. Frischer Ingwer hat ein intensives, sehr typisches Aroma. Er wird geschält und dann fein zerkleinert verwendet. Er bleibt super frisch, wenn er

Salatideen aus aller Welt 17

geschält und zerkleinert eingefroren wird. Es gibt ihn auch pulverisiert, so ist er aber viel weniger aromatisch.
<u>Geröstetes Sesamöl</u> hat ein wunderbares, nussiges Aroma und wird in kleinen Mengen zum Würzen verwendet. Gibt's in Asienläden und gut sortierten Supermärkten.
<u>Sojasprossen</u> werden im Glas, in der Dose oder frisch angeboten. Frische Sojasprossen sollten immer makellos weiß sein. Bitte unbedingt heiß überbrühen, sonst sind sie schwer verdaulich.
<u>Sardellenfilets</u> werden in kleinen Dosen angeboten. Da sie oft ziemlich salzig sind, sollte man sie vor der Verwendung kurz kalt abspülen und trockentupfen.

Und die Deko

Noch ein paar Tips, damit auch das Auge auf den Geschmack kommt.
<u>Parmesankäse</u> sieht gehobelt besonders schön aus. Dafür mit dem Sparschäler dünne Scheiben abhobeln und auf den Salat streuen.
<u>Peperoniblüte</u> ist sehr dekorativ und ganz ein-

fach zu machen: Die Spitze der Peperoni abschneiden und die Kerne vorsichtig aus der schmalen Öffnung herausnehmen. Ringsum Längsstreifen in die Schote einschneiden. Die Peperoni 30 Min. in kaltes Wasser legen, dann rollen sich die Streifen auf und die Peperoni gleicht einer Blüte.

Anstelle schmaler Prinzeßbohnen können Sie breitere <u>Bohnen</u> einfach längs in feine Streifen schneiden. Das sieht schön aus und ist preiswerter.

<u>Frühlingszwiebeln</u> so abschneiden, daß nur etwa 10 cm vom weißen Teil übrig bleiben. Diesen dann längs als schmalen Streifen einschneiden und in kaltes Wasser legen. Die Streifen rollen sich auf. Das sieht witzig als Deko aus.
<u>Tiefseegarnelen</u> sehen besonders attraktiv aus, wenn die Schwanzflosse noch dran ist. Man kann sie so an der Feinkosttheke oder tiefgekühlt kaufen.

Die internationale Küche ist vertreten von links (Seite 16) nach rechts: Garnelen, Oliven und Sardellenfilets, Schafkäse, Glasnudeln, Matjes, ein Salatdressing aus den USA, Olivenöl und Bulgur.

Caesar's Salad

● Für Gäste
● Spezialität aus Amerika

Für 4 Personen:

1 Kopf Romanasalat
2 Knoblauchzehen
2 Sardellenfilets
nach Belieben
2 sehr frische Eigelbe
8 EL Olivenöl
2–3 EL Zitronensaft
60 g frisch geriebener
Parmesan
Salz · Pfeffer
3 Scheiben Toastbrot
3 EL Butter

Zubereitungszeit: 30 Min.

Pro Portion ca.: 2060 kJ/500 kcal
12 g Ew/44 g F/15 g Kh

1 Den Salat putzen, zerteilen, waschen und in einem Sieb gut abtropfen lassen. Große Blätter zerpflücken.

2 Den Knoblauch schälen. Gegebenenfalls die Sardellenfilets fein hacken. Die Eigelbe in einer Rührschüssel mit dem Schneebesen des Handrührers verquirlen, dabei nach und nach das Öl unterrühren, bis die Sauce leicht cremig wird. Den Zitronensaft unterrühren. 1 Knoblauchzehe hineinpressen, die Sardellen nach Belieben und 30 g Parmesan unterrühren. Die Sauce mit Salz, Pfeffer und Zitronensaft abschmecken.

3 Den Salat in eine Schüssel füllen. Die Salatsauce darüber gießen und gut mischen. Am besten auf vier Tellern anrichten.

4 Das Toastbrot entrinden und klein würfeln. Die Butter in einer Pfanne erhitzen und die Brotwürfel darin bei mittlerer Hitze goldbraun rösten. Dabei die zweite Knoblauchzehe darüber pressen. Die Brotwürfel mit dem restlichen Parmesan über den Salat streuen und sofort servieren.

TIP!

Wenn Sie gebratene Hühnerburst oder Schinkenstreifen untermischen, ist der Salat eine leichte Mahlzeit, die gerne als Lunch gegessen wird.

Salade Niçoise

- Gut vorzubereiten
- Spezialität aus Frankreich

Für 4 Personen:

3 Eier
Salz
150 g Prinzeßbohnen
250 g Tomaten
1 kleiner Kopfsalat
1 Dose Thunfisch naturell (150 g Inhalt)
5 Sardellenfilets
1/2 Salatgurke
100 g schwarze Oliven
4 EL Weißweinessig
1 TL scharfer Senf
Pfeffer
6 EL Olivenöl

Zubereitungszeit: 30 Min.

Pro Portion ca.: 1480 kJ/350 kcal
17 g Ew/27 g F/11 g Kh

1 Die Eier in 10 Min. hart kochen, eiskalt abschrecken und pellen.

2 Inzwischen Salzwasser aufkochen lassen. Die Bohnen putzen, in etwa 3 cm lange Stücke schneiden und im kochenden Wasser in 10 Min. bißfest garen. In einem Sieb eiskalt abschrecken und gut abtropfen lassen.

3 Die Tomaten waschen, vierteln oder achteln und dabei die Stielansätze entfernen. Den Kopfsalat putzen, waschen, gut abtropfen lassen und zerpflücken. Den Thunfisch abtropfen lassen und zerpflücken. Die Sardellenfilets kalt abbrausen, trockentupfen und halbieren. Die Gurke waschen und in Scheiben schneiden.

4 Die Bohnen, die Tomaten, die Gurke, den Thunfisch, die Sardellen und die Oliven in einer großen Schüssel locker vermengen.

5 Aus Essig, Senf, Salz, Pfeffer und Olivenöl eine cremige Salatsauce rühren, über die Zutaten gießen und mischen. Eine Salatschüssel oder vier Portionsschüsseln mit den Salatblättern auslegen und den Salat darin anrichten. Die Eier vierteln und den Salat damit garnieren.

VARIANTE

Wer's mag, gibt schmale Zwiebelringe in den »Nizzasalat«.

Panzanella

● Spezialität aus Italien
● Gut vorzubereiten

Ein Brotsalat aus der Toskana, der gekühlt am besten schmeckt.

Für 4 Personen:

250 g Toskanabrot (oder Kastenweißbrot) ohne Rinde
6 EL Olivenöl
3 EL Rotweinessig
2 EL Aceto Balsamico
600 g Tomaten
1 Zwiebel
2 Knoblauchzehen
2 EL Kapern
Salz
Pfeffer
1 Bund Basilikum

Zubereitungszeit: 40 Min.

Pro Portion ca.: 1620 kJ/390 kcal
7 g Ew/23 g F/41 g Kh

1 Das Weißbrot in Scheiben, dann in 2 cm große Würfel schneiden. In einer beschichteten Pfanne 2 EL Olivenöl erhitzen und die Würfel darin bei mittlerer Hitze rösten, in eine Schüssel füllen. 1 EL Rotweinessig, den Balsamico und 2 EL Wasser verrühren, über das Brot träufeln und zugedeckt 15 Min. ziehen lassen.

2 Die Tomaten waschen, erst in Scheiben, dann ohne die Stielansätze in kleine Würfel schneiden und in eine Schüssel füllen. Die Zwiebel schälen, fein hacken. Den Knoblauch schälen und dazupressen. Zwiebeln und Kapern untermischen.

3 Den restlichen Rotweinessig, Salz, Pfeffer und übriges Olivenöl zu einer cremigen Sauce verrühren. Das Basilikum waschen, die Blättchen grob hacken und untermischen.

4 Die marinierten Brotwürfel zum Gemüse geben, die Salatsauce darüber gießen, alles gut mischen und nochmals kurz durchziehen lassen. Vor dem Servieren mit Salz und Pfeffer abschmecken.

Bauernsalat

● Gelingt leicht
● Spezialität aus Griechenland

Für 4 Personen:

1 Salatgurke
1 grüne Paprikaschote
500 g Tomaten
1 rote Zwiebel
250 g griechischer Schafkäse
100 g schwarze Oliven
4 EL Weißweinessig
6 EL Olivenöl
Salz
Pfeffer
1 EL Oregano (frisch oder 1 TL getrockneter)

Zubereitungszeit: 25 Min.

Pro Portion ca.: 1790 kJ/430 kcal
11 g Ew/37 g F/17 g Kh

1 Die Gurke schälen, längs halbieren und die Kerne mit einem Löffel herausschaben. Die Gurke in etwa 1 cm breite Stücke schneiden. Die Paprikaschote putzen, waschen und in Ringe schneiden. Die Tomaten waschen und achteln, dabei die Stielansätze entfernen.

2 Die Zwiebel schälen und in Halbringe schneiden. Alle Zutaten in eine große Schüssel füllen. Den Schafkäse würfeln oder zwischen den Fingern über der Schüssel zerbröckeln. Die Oliven dazugeben.

3 Den Weißweinessig, das Olivenöl, Salz und Pfeffer mit dem Schneebesen zu einer cremigen Sauce schlagen. Den Oregano unterrühren.

4 Die Sauce über die Salatzutaten gießen und mischen. Reichen Sie als Beilage Weißbrot und als Getränk Retsina.

Im Bild vorne: Bauernsalat
Im Bild hinten: Panzanella

Glasnudelsalat mit Gemüse

- Raffiniert
- Spezialität aus Asien

Für 4 Personen:

100 g Glasnudeln
250 g frische Shiitake-Pilze
2 EL Öl
1 rote Paprikaschote (etwa 150 g)
150 g Sojasprossen
1 Bund Koriandergrün (ersatzweise glatte Petersilie)
1 Stück frischer Ingwer (etwa 2 cm)
3 EL Sojasauce
3 EL milder Reisessig (oder Weißweinessig)
3 EL geröstetes Sesamöl
Salz
Pfeffer

Zubereitungszeit: 45 Min.
Pro Portion ca.: 1960 kJ/470 kcal
15 g EW/19 g F/72 g Kh

1 Die Glasnudeln in einer Schüssel mit reichlich kochendem Wasser übergießen und 10 Min. ziehen lassen. In einem Sieb gut abtropfen lassen und im Sieb mit der Küchenschere kleinschneiden.

2 Die Shiitake-Pilze putzen, in einem Sieb abbrausen und dabei das Sieb rütteln. Die Pilze in einem Küchentuch trockentupfen und in schmale Streifen schneiden. Das Öl in einer Pfanne erhitzen und die Pilze darin bei mittlerer Hitze rundum 10 Min. braten, herausnehmen und abkühlen lassen.

3 Die Paprika putzen, waschen und klein würfeln. Die Sojasprossen kurz mit kochendem Wasser überbrühen und gut abtropfen lassen. Den Koriander waschen und fein hacken. Zusammen mit der Paprika, den Sprossen, den Glasnudeln und den Shiitake-Pilzen in eine Schüssel füllen.

4 Den Ingwer schälen und fein hacken. Aus Sojasauce, Essig, Sesamöl, Salz und Pfeffer eine Salatsauce rühren, den Ingwer dazugeben und abschmecken. Die Sauce über die Salatzutaten gießen und alles gut durchmischen.

Gado Gado

- Für Gäste
- Spezialität aus Indonesien

Diesen Salat gibt es in unterschiedlichen Varianten, auch mit Bohnen, Blumenkohl und Weißkraut. Alles wird knackig gegart. Typisch daran ist immer die Erdnußsauce.

Für 4 Personen:

500 g Hühnerbrustfilets
2 EL Erdnußöl
Salz · Pfeffer
2 EL Sesam
2 Knoblauchzehen
1 Zwiebel
1 Stück frischer Ingwer (etwa walnußgroß)
2 EL geröstetes Sesamöl
150 g Erdnußbutter
1 kleiner Chinakohl (etwa 300 g)
2 Möhren

Zubereitungszeit: 40 Min.
Pro Portion ca.: 2150 kJ/510 kcal
35 g Ew/36 g F/16 g Kh

1 Das Fleisch in schmale Streifen schneiden. Das Erdnußöl erhitzen, das Fleisch darin bei mittlerer Hitze 5 Min. braten. Salzen, pfeffern und herausnehmen. Den Sesam in der Pfanne goldbraun anrösten und herausnehmen.

2 Den Knoblauch, die Zwiebel und den Ingwer schälen. Zwiebel klein würfeln. Das Sesamöl in der Pfanne erhitzen, Ingwer fein raspeln und mit der Hälfte der Zwiebel darin bei mittlerer Hitze weich braten, den Knoblauch dazupressen. Die Erdnußbutter und knapp 200 ml Wasser darin mit dem Schneebesen verrühren, bis eine cremige Sauce entstanden ist. Mit Salz und Pfeffer abschmecken und abkühlen lassen.

3 Den Chinakohl putzen, längs halbieren und in sehr schmale Streifen schneiden. Waschen und in einem Sieb gut abtropfen lassen oder trockenschleudern und in eine Schüssel füllen. Die Möhren schälen und dazuraspeln.

4 Die restlichen Zwiebelwürfel untermischen. Den Salat auf vier Tellern anrichten. Die Hühnerbruststreifen darauf verteilen, mit der Erdnußsauce übergießen und mit dem Sesam bestreuen.

VARIANTE

Anstelle der Hühnerbrust können Sie 200 g gegarte und geschälte Tiefseegarnelen unter den Salat mischen.

Im Bild vorne: Glasnudelsalat mit Gemüse
Im Bild hinten: Gado Gado

Lauwarmer Auberginensalat

● Gelingt leicht
● Spezialität aus der Türkei

Für 4 Personen:

2 große rote Paprikaschoten
300 g Fleischtomaten
750 g Auberginen
400 g Zucchini
6 EL Olivenöl
Salz
Pfeffer
2 TL Paprikapulver, edelsüß
1 TL Kreuzkümmel
3 Knoblauchzehen
6–8 EL Zitronensaft
1 Bund Minze

Zubereitungszeit: 45 Min.
Pro Portion ca.: 1200 kJ/290 kcal
5 g Ew/21 g F/25 g Kh

1 Den Backofen auf 250° (Umluft 220°) vorheizen. Die Paprikaschoten auf dem Rost (Mitte) 25 Min. backen, bis die Haut Blasen wirft, dabei einmal wenden. Dann herausnehmen und etwas abkühlen lassen.

2 Inzwischen die Tomaten überbrühen, häuten, entkernen und das Fruchtfleisch ohne die Stielansätze würfeln. Die Aubergine und die Zucchini waschen, putzen und in etwa 1 cm große Würfel schneiden. Die Paprikaschoten häuten, putzen und in schmale Streifen schneiden.

3 Das Olivenöl in einer großen Pfanne erhitzen und die Auberginenwürfel unter Rühren 5 Min. kräftig braten. Die Zucchiniwürfel dazugeben und noch 3 Min. braten. Mit Salz, Pfeffer, Paprikapulver und Kreuzkümmel würzen. Den Knoblauch schälen, darüber pressen und kurz mitbraten. Das Gemüse in eine Schüssel füllen. Den Zitronensaft unterrühren.

4 Die Tomaten mit den Paprikastreifen in der Pfanne kurz andünsten und unter das andere Gemüse mischen. Abschmecken und nach Belieben nachwürzen.

5 Die Minze waschen, die Blättchen fein hacken und zum Schluß untermischen. Den Gemüsesalat lauwarm servieren (er schmeckt aber auch kalt).

Tabouleh

● Preiswert
● Spezialität aus dem Libanon

Dieser Bulgur-Gemüse-Salat ist besonders an heißen Tagen herrlich erfrischend durch den Zitronensaft und die Minze.

Für 4 Personen:

100 g feiner Bulgur (Reformhaus oder Naturkostladen, ersatzweise Couscousgrieß)
2 Fleischtomaten (etwa 500 g)
1 Salatgurke
1 Bund Frühlingszwiebeln
1 Bund glatte Petersilie
1 Bund frische Minze
Saft von 3 Zitronen
Salz
Pfeffer
1 Prise Kreuzkümmel
5 EL Olivenöl

Zubereitungszeit: 55 Min.
Pro Portion ca.: 1150 kJ/270 kcal
8 g Ew/15 g F/33 g Kh

1 Den Bulgur in einer Schüssel mit 1/4 l lauwarmem Wasser vermischen und 30 Min. quellen lassen, bis das Wasser völlig aufgesogen ist. Falls nötig, noch etwas Wasser nachgießen.

2 Inzwischen die Tomaten waschen, halbieren, entkernen und die Stielansätze entfernen. Das Fruchtfleisch klein würfeln und in eine Schüssel füllen. Die Gurke schälen, längs halbieren und die Kerne mit einem Löffel herauslösen. Das Fruchtfleisch in kleine Würfel schneiden. Die Frühlingszwiebeln putzen, waschen, in schmale Ringe schneiden und mit der Gurke zu den Tomaten geben.

3 Die Petersilie und die Minze waschen und die Blättchen grob hacken. Mit dem Bulgur unter das Gemüse mischen.

4 Den Zitronensaft mit Salz, Pfeffer, Kreuzkümmel und Olivenöl verrühren. Die Sauce über den Salat gießen, mischen und zugedeckt 15 Min. durchziehen lassen. Vor dem Servieren nochmals abschmecken und, falls nötig, nachwürzen. Als Beilage paßt warmes Fladenbrot, als Getränk Bier oder Rotwein.

Im Bild vorne: Lauwarmer Auberginensalat
Im Bild hinten: Tabouleh

Meeresfrüchtesalat mit Gemüse

- Spezialität aus Spanien
- Gut vorzubereiten

Für 4 Personen:

1 rote Paprikaschote
1 grüne Paprikaschote
1 kleine Salatgurke
1 Zwiebel
2 Fleischtomaten
5 EL Olivenöl
250 g ausgelöste Jakobsmuscheln
150 g gegarte und geschälte Tiefseegarnelen
3 EL Sherryessig
Salz
Pfeffer
2 Knoblauchzehen
1 Bund Petersilie
Salatblätter zum Anrichten

Zubereitungszeit: 30 Min.
Marinierzeit: 1 Std.

Pro Portion ca.: 1380 kJ/330 kcal
21 g Ew/20 g F/21 g Kh

1 Die Paprikaschoten putzen und waschen. Die Gurke schälen, längs halbieren und mit einem Löffel entkernen. Die Zwiebel schälen, mit Paprika und Gurke sehr klein würfeln und in eine Schüssel füllen.

2 Die Tomaten überbrühen, häuten, entkernen, ohne die Stielansätze klein würfeln und in die Schüssel geben.

3 1 EL Öl erhitzen und die Jakobsmuscheln darin bei mittlerer Hitze 3 Min. braten, dabei einmal wenden. Abkühlen lassen, kleinschneiden und zusammen mit den Tiefseegarnelen zu dem Gemüse geben.

4 Aus dem Essig, dem restlichen Olivenöl, Salz und Pfeffer eine cremige Salatsauce rühren. Den Knoblauch schälen und dazupressen. Die Petersilie waschen, die Blättchen fein hacken und untermischen. Die Sauce über den Salat gießen, mischen und im Kühlschrank 1 Std. ziehen lassen.

5 Die Salatblätter waschen, abtropfen lassen und eine Platte damit auslegen. Den Salat darauf anrichten. Oder wie auf dem Bild in einer attraktiven Muschelschale anrichten.

Matjessalat mit roter Bete

● Gelingt leicht
● Spezialität aus Skandinavien

Für 4 Personen:

600 g festkochende Kartoffeln
400 g kleine rote Beten
2 Eier
1 Zwiebel
2 Essiggurken
1 säuerlicher Apfel
2–3 EL Zitronensaft
8 küchenfertige Matjesfilets
2 Bund Dill
200 g saure Sahne
4 EL Weißweinessig
Salz · Pfeffer

Zubereitungszeit: 1 Std.
Marinierzeit: 30 Min.

Pro Portion ca.: 3620 kJ/870 kcal
75 g Ew/46 g F/36 g KH

1 Die Kartoffeln und die roten Beten in separaten Töpfen mit Wasser bedeckt 20 bzw. 30 Min. zugedeckt garen. Abgießen und abkühlen lassen. Die Eier in 10 Min. hart kochen, eiskalt abschrekken und pellen.

2 Die Zwiebel schälen und fein hacken. Die Gurken in kleine Würfel schneiden. Den Apfel schälen, vierteln, vom Kernhaus befreien, das Fruchtfleisch klein würfeln und mit Zitronensaft beträufeln.

3 Die Kartoffeln und die roten Beten schälen und in zentimetergroße Würfel schneiden. Mit der Zwiebel, den Gurken und dem Apfel in eine Schüssel füllen. Die Matjesfilets quer in breite Streifen schneiden und dazugeben.

4 Den Dill waschen und fein hacken. Die saure Sahne mit dem Essig, Salz und Pfeffer verrühren. Den Dill untermischen und die Sauce über den Salat gießen. Gut mischen und zugedeckt 30 Min. im Kühlschrank ziehen lassen.

5 Vor dem Servieren die hartgekochten Eier vierteln und den Salat damit garnieren.

Witzige Bistrosalate

Als kleine Mahlzeit ist ein Salat ideal, ob mittags, abends oder einfach zwischendurch. Die Zutaten sollten frisch, knackig und ausgewogen zusammengestellt sein, dann sind sie richtige Fitmacher. In Bistros gibt's raffinierte Kombinationen, die tollsten zum Selbermachen finden Sie in diesem Kapitel. Probieren Sie doch mal! Die Rezepte sind hier für 2 Personen berechnet.

Blattsalate

Blattsalate sind die Stars auf dem Salatteller. Alle Sorten gibt es inzwischen das ganze Jahr über zu kaufen.

Chicorée: Von den weißen Stauden mit den hellgrünen Spitzen sollten Sie immer den bitteren Kern am Wurzelansatz kegelförmig herausschneiden. Ansonsten können die Blätter im Ganzen oder längs oder quer in Streifen geschnitten verwendet werden.

Eichblattsalat: ist eine Kopfsalatvariante mit grünlich-dunkelroten Blättern, die an Eichenblätter erinnern.

Eisbergsalat, auch Eissalat genannt, kommt ursprünglich aus Amerika, ist hellgrün und hat knackige, fleischige Blätter. Er wird nicht so schnell schlaff und läßt sich deshalb ein paar Tage im Vorrat halten.

Feldsalat ist eigentlich eine typische Herbst-Winter-Sorte. Wird auch Vogerlsalat oder Rapunzelsalat genannt. Die dunkelgrünen Pflänzchen haben einen herzhaften Geschmack. Da oft Sand zwischen die Blättchen kommt, muß er besonders oft und gründlich gewaschen werden.

Friséesalat gehört zur Endivienfamilie und hat hellgelbe bis dunkelgrüne, feingefiederte Blätter. Er schmeckt leicht bitter. Frisée ist sehr dekorativ und läßt sich gut mit anderen Sorten kombinieren.

Kopfsalat, auch grüner Salat genannt, ist die bekannteste und beliebteste Sorte. Eine Variante ist der Batavia, mit rötlichen Blättern.

Witzige Bistrosalate

Lollo rosso und **Lollo bianco** sind Kopfsalatvarianten mit gezackten Blättern, in grün und rot erhältlich.
Radicchio: Die festen, kleinen Köpfe haben rote bis rosarote Blätter und weiße Rippen und ein bitter-herbes Aroma. Ideal zum Mischen mit anderen Blattsalaten, weil es schön aussieht und gut schmeckt.
Romanasalat hat längliche dunkelgrüne, kräftige Blätter, die am besten zerpflückt oder in Streifen geschnitten werden sollten.
Rucola, auch Roquette oder Rauke genannt, kommt aus Italien und hat inzwischen auch bei uns viele Fans. Die dunkelgrünen, gezackten Blätter haben ein feines Nußaroma.

Schon gemischt zu kaufen

Mesclun ist eine edle Blattsalatmischung aus Frankreich, die in Feinkostläden und sehr guten Gemüseläden angeboten wird. Die Sorten werden schon gemischt angebaut und ganz jung und zart geerntet. Gartenbesitzer erhalten den Samen zum Selberziehen im Handel.
Fertig geputzte Salatmischungen gibt es in Folie geschweißt in Supermärkten. Praktisch, wenn man es eilig hat, aber nur zu empfehlen, wenn die Packungen im Kühlregal liegen und der Salat tadellos frisch ist. Auf jeden Fall noch mal gründlich waschen.

Salat vorbereiten

- Salat putzen, waschen und in einer Salatschleuder trockenschleudern. Das ist wichtig, denn je weniger Wasser an den Blättern haftet, desto besser nehmen sie die Sauce auf.
- Eventuell gleich eine größere Menge vorbereiten und locker in große Gefriertüten füllen. Im Gemüsefach hält sich der Salat 3–4 Tage frisch, das gilt auch für Kräuter.
- Zerpflücken Sie die Salatblätter lieber mit der Hand. Wenn Sie ein Messer benutzen, entstehen die unschönen, braunen Schnittstellen.
- Falls Salat und Kräuter schon etwas welk sind, einfach in ein »Biosmonbad« (Mineralsalz aus dem Reformhaus) legen, dann werden sie im Nu wieder knackig.

So wird Ihr Salat noch knackiger

Vor dem Servieren den Salat mit **Kürbiskernen**, **Pinienkernen**, **Sonnenblumenkernen**, **Erdnüssen** oder **Mandelblättchen** bestreuen. Am besten in einer beschichteten Pfanne kurz anrösten und dann darüber streuen. Übrigens, die kleinen Kernchen sorgen nicht nur für den gewissen Biß, sie liefern auch noch wertvolle Mineralstoffe und Vitamine.
Oder mit **Croûtons** bestreuen: dafür Weißbrot in Würfel schneiden und in Butter oder Olivenöl goldbraun braten, nach Wunsch Knoblauch darüber pressen, mit Kräutern oder Chillie bestreuen. Kann man gut auf Vorrat machen und in einer gut verschließbaren Blechdose etwa 2 Wochen aufheben.

Salat, Salat, Salat! Von unten im Uhrzeigersinn: Sonnenblumen- und Kürbiskerne, Frisée, Chicorée, Radicchio, Kopfsalat, Eisbergsalat, Romana, Lollo rosso, Feldsalat, Rucola und Eichblattsalat.

Lammhackbällchen auf Blattsalaten

● Für Gäste
● Gelingt leicht

Für 2 Personen:

250 g Lammhackfleisch
1 Ei
2 EL gemahlene Mandeln
2 EL Paniermehl
2 Knoblauchzehen
Salz · Pfeffer
1 Msp. Cayennepfeffer
6 EL Olivenöl
1 kleiner Kopf Bataviasalat
1 kleiner Kopf Radicchio
1 Schalotte
1 EL Sherryessig
1 TL Oregano (frisch oder getrocknet)

Zubereitungszeit: 30 Min.
Pro Portion ca.: 2820 kJ/670 kcal
23 g Ew/58 g F/15 g Kh

1 Das Fleisch mit dem Ei, den Mandeln und dem Paniermehl in eine Schüssel füllen. 1 Knoblauchzehe schälen und dazupressen. Mit Salz, Pfeffer und Cayennepfeffer kräftig würzen. Mit den Händen gut mischen.

2 Mit nassen Händen 10–12 Kugeln formen. 2 EL Olivenöl in einer Pfanne erhitzen und die Fleischbällchen darin bei mittlerer Hitze rundum in 8 Min. braun braten. Die Bällchen herausnehmen und bei 50° im Backofen warm stellen.

3 Den Bataviasalat putzen und zerteilen. Den Radicchio putzen und in schmale Streifen schneiden. Die Salate waschen und gut abtropfen lassen. Die Schalotte schälen und in feine Ringe schneiden.

4 In einer großen Schüssel den Sherryessig mit dem restlichen Olivenöl, Salz, Pfeffer und Oregano verrühren. Den übrigen Knoblauch schälen und dazupressen. Die Sauce cremig schlagen.

5 Die Blattsalate mit den Zwiebelringen in der Sauce wenden. Den Salat auf zwei Tellern verteilen. Die lauwarmen Hackbällchen darauf anrichten.

Lauwarmer Gemüsesalat mit Ingwer

● Für die schlanke Linie
● Raffiniert

Für 2 Personen:

200 g Chinakohl
2 kleine Zucchini
1 rote Paprikaschote
150 g Champignons
1 Stück frischer Ingwer (etwa 1 cm)
2 EL Sojaöl
2 EL geröstetes Sesamöl
2 Knoblauchzehen
1 TL Chinagewürz (Mischung aus 5 Gewürzen)
Salz
Pfeffer
2–3 EL Zitronensaft
1 EL Sojasauce

Zubereitungszeit: 30 Min.
Pro Portion ca.: 1040 kJ/250 kcal
5 g EW/21 g F/13 g KH

1 Den Chinakohl putzen, längs halbieren und in schmale Streifen schneiden. Dann waschen und gut abtropfen lassen. Die Zucchini waschen, putzen und in dünne Scheiben hobeln. Die Paprikaschote putzen, waschen und in kleine Würfel schneiden. Die Champignons putzen, kurz waschen und in Scheiben schneiden. Den Ingwer schälen und fein hacken.

2 Das Sojaöl und das Sesamöl in einer breiten Pfanne oder im Wok erhitzen. Die Champignons darin 5 Min. kräftig braten und herausnehmen. Den Chinakohl und die Zucchini im verbliebenen Öl bei mittlerer Hitze 5 Min. braten. Den Knoblauch schälen und dazupressen. Ingwer, Paprika und Champignons mitbraten. Mit Chinagewürz, Salz und Pfeffer würzen.

3 Den Zitronensaft und die Sojasauce untermischen, einmal kurz aufkochen lassen und den Salat lauwarm auf zwei Tellern anrichten.

VARIANTEN

So wird ein sättigendes Gericht daraus:
220 g gegarte, geschälte Tiefseegarnelen kurz miterwärmen
oder
2 Hühnerbrustfilets in Streifen schneiden, anbraten und untermischen
oder
eine Ananas schälen, kleinschneiden und unterrühren.

Im Bild vorne: Lauwarmer Gemüsesalat mit Ingwer
Im Bild hinten: Lammhackbällchen auf Blattsalaten

Witzige Bistrosalate

Steakstreifen auf Friséesalat

● Für die schlanke Linie
● Schnell

Für 2 Personen:

4 EL Öl
2 Filetsteaks vom Rind (je etwa 150 g)
Salz · Pfeffer
1 kleiner Kopf Lollo bianco
1/2 Bund glatte Petersilie
1 Orange
1 kleine rote Zwiebel
2 EL Weißweinessig

Zubereitungszeit: 30 Min.

Pro Portion ca.: 1275 kJ/300 kcal
30 g Ew/20 g F/8 g Kh

1 1 EL Öl in einer Pfanne stark erhitzen und die Filetsteaks darin je nach Dicke bei mittlerer Hitze 6 Min. braten, dabei einmal wenden. Das Fleisch sollte in der Mitte noch leicht rosa sein. Die Steaks salzen, pfeffern, herausnehmen und abkühlen lassen. Dann in schmale Scheiben schneiden.

2 Den Salat putzen, zerteilen, waschen und gut abtropfen lassen. Die Petersilie waschen und die Blättchen abzupfen. Die Orange so schälen, daß auch die weiße Innenhaut mit entfernt wird. Mit einem scharfen Messer die Orangenfilets aus den Häutchen schneiden, entkernen und quer halbieren. Die Zwiebel schälen, vierteln, quer in schmale Streifen schneiden.

3 In einer Schüssel den Essig, das restliche Öl, Salz und Pfeffer zu einer cremigen Sauce schlagen. Die Steakstreifen darin wenden und herausnehmen.

4 Petersilie, Zwiebelstreifen und Salat in der Salatsauce mischen und auf zwei Tellern verteilen. Die Steakstreifen fächerartig darauf anrichten, mit den Orangenfilets garnieren. Als Beilage getoastete Baguettescheiben und Kräuterbutter sowie einen Chardonnay aus Kalifornien reichen.

Käsesalat mit Knoblauchnüssen

● Gelingt leicht
● Raffiniert

Für 2 Personen:

2 Chicorée
200 g Comté oder Emmentaler in 1 cm dicken Scheiben
1 kleine rote Zwiebel
100 g blaue Weintrauben
2 EL Weißweinessig
3 EL Walnußöl
Salz · Pfeffer
1 EL Butter
50 g Walnußkerne
1 Knoblauchzehe

Zubereitungszeit: 30 Min.

Pro Portion ca.: 3020 kJ/720 kcal
33 g Ew/58 g F/23 g Kh

1 Den Chicorée längs halbieren, den bitteren Kern am Wurzelende herausschneiden. 6 schöne Blätter ablösen und beiseite legen, dann die Stauden in zentimeterbreite Streifen schneiden. Waschen und in einem Sieb gut abtropfen lassen.

2 Den Käse in kleine Würfel schneiden. Die Zwiebel schälen und klein würfeln. Mit Käse und Chicorée in eine Schüssel füllen. Die Trauben waschen, halbieren, entkernen und in die Schüssel geben.

3 Den Essig, das Walnußöl, Salz und Pfeffer zu einer cremigen Sauce schlagen. Über die Zutaten gießen und mischen. Die Chicoréeblätter auf zwei Tellern verteilen und den Salat darauf anrichten.

4 Die Butter in einer Pfanne erhitzen und die Walnüsse darin schwenken. Den Knoblauch schälen und darüber pressen. Die warmen Knoblauchnüsse auf den Salat streuen.

VARIANTE

Die Weintrauben können Sie gut durch kleingewürfelte Birne ersetzen und die Nüsse durch Croûtons.

Scampi auf Zuckerschoten

● Gelingt leicht
● Für Gäste

Für 2 Personen:
6 gegarte und geschälte Scampi
5 EL Zitronensaft
Salz
300 g Zuckerschoten
1 reife Avocado
Pfeffer
1/2 Bund Koriandergrün (ersatzweise glatte Petersilie)
1 Prise Cayennepfeffer
3 EL Weißweinessig
3 EL Öl

Zubereitungszeit: 30 Min.
Pro Portion ca.: 1880 kJ/450 kcal
21 g Ew/33 g F/21 g Kh

1 Die Scampi kalt abspülen, trockentupfen und mit 2 EL Zitronensaft beträufeln.

2 Reichlich Salzwasser aufkochen lassen. Die Zuckerschoten, falls nötig, putzen, dann waschen und im Wasser 2 Min. sprudelnd kochen lassen. In einem Sieb eiskalt abbrausen und gut abtropfen lassen.

3 Die Avocado schälen, halbieren und den Kern entfernen. Die eine Hälfte in kleine Würfel schneiden, sofort mit 2 EL Zitronensaft beträufeln, salzen, pfeffern und kalt stellen.

Die zweite Hälfte grob zerschneiden und mit dem restlichen Zitronensaft in den Mixer geben.

4 Den Koriander abbrausen und die Hälfte der Blättchen mit der Avocado fein pürieren. Mit Salz, Pfeffer und Cayennepfeffer würzen.

5 In einer großen Schüssel aus Essig, Öl, Salz und Pfeffer eine Vinaigrette rühren. Die restlichen Korianderblättchen grob hacken und unter mischen.

6 Die Zuckerschoten mit den Avocadowürfeln in der Vinaigrette wenden und auf zwei Tellern verteilen. Die Scampi darauf anrichten und jeweils 1 Klecks Avocadopüree darauf setzen.

Hühnerbrüstchen auf Blattsalaten

● Raffiniert
● Gut vorzubereiten

Für 2 Personen:
2 Schalotten
2 EL Sherryessig
2 EL Olivenöl
1 EL Honig
schwarzer Pfeffer
1 Prise Kreuzkümmel
2 Hühnerbrustfilets
150 g Mesclun (gemischter Blattsalat, Seite 29)
1 EL Sojasauce
1 TL Dijonsenf
3 EL Erdnußöl
Salz
2 EL geschälte Erdnüsse

Zubereitungszeit: 20 Min.
Marinierzeit: 30 Min.
Pro Portion ca.: 2370 kJ/570 kcal
30 g Ew/47 g F/9 g Kh

1 Die Schalotten schälen und fein hacken. 1 EL Sherryessig mit 1 EL Olivenöl und dem Honig gut verrühren. Schalotten, Pfeffer und Kreuzkümmel unterrühren.

2 Die Hühnerbrustfilets kalt abspülen und trockentupfen. In 2 EL Olivenöl 10 Min. braten, dabei einmal wenden. Quer zur Faser in dünne Scheiben schneiden und auf eine Platte legen. Mit der Marinade gleichmäßig begießen und zugedeckt 30 Min. ziehen lassen.

3 Inzwischen den Blattsalat waschen und in einem Sieb gut abtropfen lassen.

4 Den restlichen Sherryessig mit Sojasauce, Senf, Erdnußöl, Salz und Pfeffer verrühren. Die Erdnüsse grob hacken und die Hälfte davon unterrühren.

5 Den Blattsalat in der Sauce wenden und auf zwei Tellern verteilen. Die Hühnerbrustscheiben auf dem Salat anrichten und mit den restlichen Erdnüssen bestreuen.

Im Bild vorne: Scampi auf Zuckerschoten
Im Bild hinten: Hühnerbrüstchen auf Blattsalaten

Feldsalat mit Geflügelleber

● Gelingt leicht
● Für Gäste

Für 2 Personen:

150 g Feldsalat
150 g Kirschtomaten
1 kleine Zwiebel
1 kleines Bund Schnittlauch
2 EL Rotweinessig
5 EL Öl
1 Prise Zucker
Salz · Pfeffer
250 g Geflügelleber
3 EL Portwein (ersatzweise Traubensaft)

Zubereitungszeit: 30 Min.

Pro Portion ca.: 1850 kJ/440 kcal
20 g E/32 g F/15 g Kh

1 Den Feldsalat putzen, gründlich waschen und gut abtropfen lassen oder trockenschleudern. Die Tomaten waschen und halbieren. Die Zwiebel schälen und klein würfeln. Den Schnittlauch abbrausen und kleinschneiden.

2 In einer großen Salatschüssel aus Essig, 3 EL Öl, Zucker, Salz und Pfeffer eine cremige Salatsauce rühren.

3 Die Geflügelleber von Häutchen und Sehnen befreien, kurz abbrausen, trockentupfen und in die natürlichen Hälften teilen. Das restliche Öl in einer Pfanne erhitzen und die Leber darin rundum 3 Min. braten. Mit Salz und Pfeffer würzen und mit dem Portwein ablöschen.

4 Salat, Tomaten, Zwiebel und die Hälfte des Schnittlauchs in der Salatsauce wenden und auf zwei Tellern anrichten.

5 Die warme Geflügelleber darauf verteilen, mit dem Sud beträufeln und mit dem restlichen Schnittlauch bestreuen. Als Beilage passen Walnußbrot mit Butter, als Getränk Portwein oder Rotwein, z. B. Rioja aus Spanien.

Champignonsalat mit Paprika und Salami

- 🟡 Schnell
- 🟣 Gelingt leicht

Für 2 Personen:

je 1 rote und gelbe Paprikaschote
1 Zwiebel
200 g Salami in 1/2 cm dicken Scheiben
250 g Champignons
4 EL Olivenöl
1 Knoblauchzehe
2 EL Aceto Balsamico
Salz · Pfeffer
1 TL Oregano (frisch oder getrocknet)
1 Msp. Cayennepfeffer
1 Kästchen Kresse
Salatblätter zum Anrichten nach Belieben

Zubereitungszeit: 25 Min.

Pro Portion ca.: 1830 kJ/440 kcal
11 g E/38 g F/16 g Kh

1 Die Paprikaschoten längs achteln, putzen, waschen und quer in sehr schmale Streifen schneiden. Die Zwiebel schälen, vierteln und ebenfalls in sehr feine Streifen schneiden. Die Salami häuten und klein würfeln. Die Champignons putzen, eventuell kurz abbrausen und in dickere Scheiben schneiden.

2 1 EL Öl in einer Pfanne erhitzen. Die Salamiwürfel darin kräftig anbraten, dann die Champignons dazugeben und 5 Min. braten. Den Knoblauch schälen und darüber pressen.

3 Essig, restliches Öl, Salz, Pfeffer und Cayennepfeffer in einer Salatschüssel zu einer cremigen Sauce rühren. Paprikastreifen und Zwiebel dazugeben. Die Kresse abbrausen und die Blättchen mit der Küchenschere über der Schüssel abschneiden. Alles gut mischen.

4 Die warmen Champignons mit den Salamiwürfeln unter den Salat heben. Nach Belieben zwei Teller mit Salatblättern dekorieren und den Salat darauf anrichten. Dazu schmeckt am besten Bauernbrot und als Getränk Bier.

Gebratener Thunfisch auf Radicchio

● Gelingt leicht
● Schnell

Statt Thunfisch passen auch andere Fischsorten wie Lachs oder Kabeljau. Mit Thunfisch aus der Dose (nicht mitbraten!) schmeckt der Salat ebenfalls.

Für 2 Personen:
2 Thunfischkoteletts
(je etwa 150 g)
1 EL Zitronensaft
1 Radicchio
1 Bund Brunnenkresse
2 EL Rotweinessig
5 EL Olivenöl
Salz · Pfeffer
1 TL süßer Senf
1 TL Tomatenmark
2 TL Kapern
1 Schalotte
1 Knoblauchzehe

Zubereitungszeit: 25 Min.
Pro Portion ca.: 2250 kJ/540 kcal
36 g Ew/41 g F/6 g Kh

1 Den Fisch kalt abbrausen, trockentupfen und in mundgerechte Würfel schneiden. Mit Zitronensaft beträufeln. Zugedeckt kalt stellen.

2 Den Radicchio in einzelne Blätter teilen, waschen und gut abtropfen lassen. Die Brunnenkresse gut abbrausen und die Blättchen abzupfen.

3 In einer Salatschüssel aus Essig, 3 EL Olivenöl, Salz, Pfeffer, Senf und Tomatenmark eine cremige Sauce rühren. Die Kapern kleinhacken. Die Schalotte schälen und fein würfeln. Beides unter die Sauce mischen.

4 Das restliche Olivenöl in einer Pfanne erhitzen und die Thunfischwürfel darin bei mittlerer Hitze 2–3 Min. braten. Den Knoblauch schälen und darüber pressen, salzen und pfeffern.

5 Den Radicchio und die Brunnenkresse in der Sauce wenden und auf zwei Tellern verteilen. Die lauwarmen Thunfischwürfel darauf anrichten. Gut passen dazu geröstete Baguettescheiben mit Kräuterbutter.

Eichblattsalat mit gratiniertem Ziegenkäse

● Für Gäste
● Raffiniert

Für 2 Personen:
1 kleiner Kopf Eichblattsalat
2 Frühlingszwiebeln
1 kleiner Apfel
1 EL Zitronensaft
2 EL Apfelessig
3 EL Sonnenblumenöl
Salz · schwarzer Pfeffer
1 TL Honig
1 EL Sonnenblumenkerne
4 Scheiben Baguette
1 Knoblauchzehe
100 g Ziegenfrischkäse am Stück

Zubereitungszeit: 25 Min.
Pro Portion ca. 2660 kJ/640 kcal
22 g E/41 g F/47 g Kh

1 Den Grill oder den Backofen auf 200° (Umluft 180°) vorheizen. Den Salat putzen, waschen, gut abtropfen lassen oder trockenschleudern. Die Frühlingszwiebeln putzen, waschen und in feine Ringe schneiden. Den Apfel waschen, abreiben, achteln, entkernen, klein würfeln und mit Zitronensaft beträufeln.

2 Aus Apfelessig, Öl, Salz, Pfeffer und Honig eine cremige Salatsauce rühren. Zwiebeln, Apfel und Sonnenblumenkerne untermischen.

3 Die Baguettescheiben toasten. Den Knoblauch schälen, die Zehe halbieren und jeweils eine Seite der Toasts mit der Schnittfläche einreiben. Den Ziegenkäse in acht Scheiben schneiden, auf die Toasts legen und die Brote auf ein Backblech setzen. Unterm Grill gut 1 Min. oder im Backofen (250°, oben) 2 Min. gratinieren.

4 Inzwischen den Salat in der Sauce wenden, auf zwei Tellern verteilen und je 2 Toasts frisch aus dem Ofen darauf setzen. Eventuell mit Pfeffer übermahlen. Als Getränk paßt Apfelcidre.

Im Bild vorne: Eichblattsalat mit gratiniertem Ziegenkäse
Im Bild hinten: Gebratener Thunfisch auf Radicchio

Klassiker auf neue Art

Das Wichtigste bei der Zubereitung eines Salats ist: er ist immer nur so gut und frisch wie seine Zutaten. Kaufen Sie beste Qualität, auch bei Essig und Öl. Hier können Sie immer wieder variieren, denn es gibt viele unterschiedliche Sorten.

Essig & Öl

Essig
Weinessig wird aus Rot- oder Weißwein hergestellt. Sherryessig ist besonders kräftig und aromatisch. Er sollte deshalb sparsam verwendet werden.

Der italienische Aceto Balsamico reift einige Jahre in Eichenfässern.

Aceto Balsamico (Balsamessig) kommt aus Modena in Italien und ist der edelste Weinessig überhaupt. Er wird in Eichenfässern mindestens 3 Jahre gelagert. Je älter er ist, desto teurer und intensiver ist er auch.

Aromatisierter Essig, z. B. mit Kräutern, Knoblauch, Beeren (Himbeeressig), Kapern etc., verleiht vielen Salaten speziellen Pfiff. Dafür wird meistens Weißweinessig verwendet.
Apfelessig ist ein Obstessig mit ausgewogener, angenehmer Säure.

Pflanzenöle
Sie sind oft ein Gemisch aus unterschiedlichen Ölen und werden meistens unter einem Markennamen verkauft. Sie sind geschmacksneutral.

Andere feine Öle:
Sojaöl wird aus der Sojabohne gewonnen und schmeckt neutral.
Sonnenblumenöl gibt es auch kaltgepreßt mit einem herrlich intensiven Aroma.
Distelöl aus der Färberdistel hat einen hohen Anteil an Linolsäure und ist deshalb besonders gesund.
Traubenkernöl hat eine kräftige grüne Farbe und einen feinen Geschmack.
Kernöl aus Kürbiskernen ist dunkelgrün und hat ein außergewöhnliches Aroma. Es schmeckt besonders gut zu kräftigen Salaten, z. B. Rindfleischsalat.

Klassiker auf neue Art

Olivenöl kommt aus dem Mittelmeerraum. Es gibt drei unterschiedliche Qualitätsstufen: Natives Olivenöl extra (beste Qualität) aus der ersten Pressung, Natives Olivenöl und Olivenöl. Das Aroma und der Charakter sind je nach Herkunft unterschiedlich. Finden Sie Ihr Lieblingsöl am besten durch Probieren heraus.
Nußöle aus Haselnüssen, Mandeln oder Erdnüssen sind sehr geschmacksintensiv, man kann sie gut mit neutralen Sorten mischen.
Geröstetes Sesamöl: Dafür werden die Sesamsamen geröstet, anschließend sanft gepreßt. Das ergibt eine dunkelbraune Farbe und den intensiven nussigen Geschmack.

Öle sollten immer lichtgeschützt und gut verschlossen aufbewahrt werden. Wenn Sie gerne verschiedene Öle verwenden, kleinere Flaschen oder Dosen kaufen. Angebrochene Flaschen sollten Sie innerhalb von 6 Monaten aufbrauchen, Nußöle innerhalb von 3 Monaten.
Essig hält sich angebrochen bis zu einem Jahr.

Die klassischen Salatsaucen

Für alle Salatrezepte im Buch sind Salatsaucen angegeben. Wenn Sie es klassisch mögen, dann greifen Sie auf die folgenden 3 Rezepte zurück, die jeweils für 4 Personen reichen:

Vinaigrette
3 EL Essig, Salz, Pfeffer und 6 EL Öl in eine Schüssel füllen und mit dem Schneebesen so lange schlagen, bis sich die Zutaten zu einer cremigen Sauce verbunden haben.

Sie können noch 1 TL Senf (scharfen Dijonsenf, mittelscharfen oder süßlichen Weißwurstsenf unterrühren), gehackte Kräuter, gehackte Zwiebeln, Frühlingszwiebeln oder Knoblauch.

Tip!
Mischen Sie doch gleich eine größere Menge auf Vorrat. In ein Schraubglas füllen und im Kühlschrank aufbewahren. Vor Gebrauch kräftig durchschütteln.

Joghurtsauce
2 EL Öl, 2–3 EL Zitronensaft, 200 g Joghurt, Salz und Pfeffer verrühren. Nach Belieben 100 g zerdrückten Blauschimmelkäse oder Kräuter und Knoblauch untermischen. Mit Tomatenmark oder einem Klecks Ketchup ist diese Sauce bei Kindern besonders beliebt.

Mayonnaise
2 sehr frische Eigelbe mit Salz und 1 TL Zitronensaft verrühren. 1/4 l neutrales Öl langsam dazugießen, dabei ständig mit den Schneebesen des Handrührers schlagen, bis die Mayonnaise dickcremig geworden ist. Mit Salz und Pfeffer abschmecken, nach Belieben mit Senf, Knoblauch, Kräutern und Tomatenmark aromatisieren.

Gutes Öl ist das »A und O« für den Geschmack eines Salates. Hier sollten Sie nicht sparen!

Selleriesalat mit Senfsauce

- Raffiniert
- Gelingt leicht

Für 4 Personen:

2 sehr frische Eigelbe
1 TL Senf
200 ml Öl
3 EL saure Sahne
Salz
Pfeffer
1 Prise Zucker
2–3 EL Zitronensaft
1 Knollensellerie
(etwa 600 g)
250 g Staudensellerie
1 Zwiebel
1 Apfel
50 g Walnußkerne

Zubereitungszeit: 30 Min.
Pro Portion ca.: 2260 kJ/540 kcal
4 g Ew/53 g F/16 g Kh

1 Die Eigelbe und den Senf in einer Schüssel verrühren. Das Öl langsam dazugießen und mit den Schneebesen des Handrührers zu einer dickflüssigen Sauce rühren. Die saure Sahne untermischen und die Mayonnaise mit Salz, Pfeffer, Zucker und 1 EL Zitronensaft abschmecken.

2 Den Knollensellerie großzügig schälen, waschen, trockentupfen und in Stücke schneiden. Grob in eine Schüssel raspeln. Den Staudensellerie putzen, waschen, in dünne Scheibchen schneiden. Die Sellerieblättchen fein hacken, beides in die Schüssel geben.

3 Die Zwiebel schälen und fein hacken. Den Apfel schälen, achteln, vom Kernhaus befreien und mit dem restlichen Zitronensaft beträufeln. Die Apfelspalten in schmale Stücke schneiden und mit der Zwiebel in die Schüssel füllen.

4 Die Mayonnaise unter den Salat mischen, abschmecken und nach Belieben nachwürzen. Die Walnußkerne grob hacken und auf den Salat streuen.

Bunter Tomatensalat

- Gut vorzubereiten
- Schnell

Für 4 Personen:

750 g Tomaten
2 Schalotten
1 Kugel Mozzarella (150 g)
100 g schwarze Oliven
4 EL Rotweinessig
5 EL Olivenöl
Salz
Pfeffer
2 Knoblauchzehen
1 Bund Basilikum

Zubereitungszeit: 25 Min.
Pro Portion ca.: 1440 kJ/340 kcal
10 g Ew/29 g F/14 g Kh

1 Die Tomaten waschen, längs achteln, dabei die Stielansätze entfernen und in eine große Schüssel füllen.

2 Die Schalotten schälen und fein hacken. Den Mozzarella erst in Scheiben, dann in kleine Würfel schneiden. Mit den Oliven zu den Tomaten geben.

3 In einer zweiten Schüssel den Essig mit Olivenöl, Salz und Pfeffer mit einem Schneebesen zu einer cremigen Sauce verrühren. Den Knoblauch schälen, dazupressen und unterrühren.

4 Die Sauce über die Salatzutaten in der Schüssel gießen, mischen und 10 Min. durchziehen lassen.

5 Inzwischen das Basilikum waschen, große Blättchen in schmale Streifen schneiden, kleine ganz lassen. Die kleingeschnittenen Blättchen unter den Salat mischen. Die Basilikumblättchen vor dem Servieren darauf streuen.

Im Bild vorne: Bunter Tomatensalat
Im Bild hinten: Selleriesalat mit Senfsauce

Bohnensalat mit Rucola und Kirschtomaten

- 🟢 Für die schlanke Linie
- 🔴 Für Gäste

Für 4 Personen:

1 Bund Bohnenkraut
Salz
500 g grüne Bohnen
250 g Kirschtomaten
1 Bund Rucola
1 rote Zwiebel
3 EL Aceto Balsamico
4 EL Olivenöl
Pfeffer
1 kleine Knoblauchzehe
2 EL Pinienkerne

Zubereitungszeit: 45 Min.

Pro Portion ca.: 850 kJ/200 kcal
3 g Ew/16 g F/16 g Kh

1 Das Bohnenkraut abbrausen, in einem Topf mit reichlich Salzwasser aufkochen lassen. Die Bohnen putzen, falls nötig, entfädeln und waschen. Große halbieren. Im kochenden Wasser zugedeckt in 15–20 Min. bißfest garen. In ein Sieb schütten, eiskalt abbrausen, sehr gut abtropfen und auskühlen lassen. Das Bohnenkraut entfernen.

2 Die Tomaten waschen und halbieren, dabei Stielansätze entfernen. Mit den Bohnen in eine Schüssel füllen.

3 Vom Rucola die Stengel abknipsen, die Blätter waschen und in breitere Streifen schneiden. Die Zwiebel schälen, längs vierteln und in Streifen schneiden. Mit dem Rucola in die Schüssel geben.

4 Den Essig mit Olivenöl, Salz und Pfeffer verrühren. Den Knoblauch schälen und dazupressen. Mit dem Schneebesen zu einer cremigen Marinade verrühren, über die Salatzutaten gießen und vorsichtig untermischen.

5 Die Pinienkerne in einer beschichteten Pfanne ohne Fett unter Rühren goldbraun rösten und vor dem Servieren über den Salat streuen.

VARIANTEN

Herzhafter wird der Salat, wenn Sie anstelle der Pinienkerne 150 g Salami in kleine Würfel schneiden, in wenig Fett ausbraten und lauwarm untermischen. Oder den Salat für 6 Personen mit je 3 Scheiben Parmaschinken angerichtet als Vorspeise servieren.

Hähnchensalat mit Ananas und Sprossen

- Raffiniert
- Gut vorzubereiten

Für 4 Personen:

2 EL Öl
600 g Hühnerbrustfilets
Salz
Pfeffer
1 kleine frische Ananas
150 g Sojasprossen
(frisch oder aus dem Glas)
1 Handvoll Kerbel
125 g Mayonnaise (80 %)
3 EL Joghurt
2–3 EL Zitronensaft
1 Msp. Cayennepfeffer
1 TL Chinagewürz
1 Prise Zucker
Salatblätter zum Anrichten nach Belieben

Zubereitungszeit: 45 Min.

Pro Portion ca.: 2280 kJ/550 kcal
34 g Ew/37 g F/25 g KH

1 Das Öl in einer Pfanne erhitzen und das Fleisch darin beidseitig anbraten. Dann zugedeckt bei mittlerer Hitze in 10 Min. fertiggaren. Mit Salz und Pfeffer würzen, herausnehmen und abkühlen lassen.

2 Inzwischen die Ananas großzügig schälen, vierteln und den inneren holzigen Strunk herausschneiden. Die Ananasviertel in kleine Stücke schneiden und in eine Schüssel füllen.

3 Frische Sojasprossen mit kochendem Wasser überbrühen und wie Sprossen aus dem Glas gut abtropfen lassen. Die Hühnerbrustfilets in mundgerechte Stücke schneiden und mit den Sprossen zur Ananas in die Schüssel geben.

4 Den Kerbel waschen. Zwei Drittel der Blättchen fein hacken, den Rest beiseite legen.

5 Die Mayonnaise mit Joghurt, Zitronensaft, Salz, Pfeffer, Cayennepfeffer, Chinagewürz und Zucker verrühren. Den gehackten Kerbel dazugeben. Die Sauce über die Salatzutaten gießen und gut mischen.

6 Eine Platte nach Belieben mit den Salatblättern auslegen und den Hähnchensalat darauf anrichten. Mit den restlichen Kerbelblättchen bestreuen.

Klassiker auf neue Art

Gurkensalat mit Dill

- Preiswert
- Schnell

Für 4 Personen:

1 große Salatgurke
2 Bund Dill
1 Zwiebel
150 g saure Sahne
2 EL Walnußöl
3 EL Weißweinessig
Salz
Pfeffer
1 Prise Zucker
50 g geschälte Walnußkerne

Zubereitungszeit: 15 Min.

Pro Portion ca.: 810 kJ/190 kcal
4 g Ew/17 g F/10 g KH

1 Die Gurke nach Belieben waschen oder schälen und in dünnen Scheiben in eine Schüssel hobeln.

2 Den Dill abbrausen und fein hacken. Die Zwiebel schälen und ebenfalls fein hacken. Mit dem Dill zu der Gurke geben.

3 Die saure Sahne mit dem Walnußöl, dem Essig, Salz, Pfeffer und Zucker verrühren. Die Salatsauce über die Gurke gießen und gut durchmischen.

4 Die Walnüsse grob hacken und auf den Gurkensalat streuen.

> **TIP!**
> So wird eine edle Vorspeise daraus: Anstatt der Walnüsse 250 g Räucherlachs in Streifen untermischen oder dazu servieren.

Gurkensalat mit Erdbeeren

- Raffiniert
- Für die schlanke Linie

Für 4 Personen:

1 große Salatgurke
1 kleines Bund Minze
200 g Erdbeeren
3 EL Sonnenblumenöl
4–5 EL Zitronensaft
2 TL Honig
Salz
Pfeffer
1 Prise Cayennepfeffer

Zubereitungszeit: 20 Min.

Pro Portion ca.: 560 kJ/130 kcal
4 g Ew/11 g F/10 g Kh

1 Die Gurke schälen, längs halbieren und die Kerne mit einem Löffel herausschaben. Die Gurkenhälften in Scheiben schneiden. Die Minze abbrausen, kleine Blättchen ganz lassen, größere in feine Streifen schneiden.

2 Die Erdbeeren waschen, entkelchen und je nach Größe halbieren oder vierteln. Zusammen mit der Gurke in eine Schüssel füllen.

3 In einer kleinen Schüssel das Sonnenblumenöl mit dem Zitronensaft und dem Honig mit dem Schneebesen zu einer cremigen Sauce rühren. Mit Salz, Pfeffer und Cayennepfeffer kräftig würzen.

4 Die kleingeschnittene Minze in die Sauce streuen und mit den Salatzutaten mischen. Den Salat kurz ziehen lassen und zum Schluß mit den restlichen Minzeblättchen garnieren.

Klassiker auf neue Art

Gurkensalat mit Forelle

● Für Gäste
● Gut vorzubereiten

Für 4 Personen:

1 große Salatgurke
250 g Tomaten
1/2 Bund Frühlingszwiebeln
3 EL Kräuteressig
4 EL Öl
1 EL Tomatenmark
Salz
Pfeffer
250 g geräuchertes Forellenfilet

Zubereitungszeit: 20 Min.

Pro Portion ca.: 1060 kJ/250 kcal
15 g Ew/18 g F/9 g Kh

1 Die Gurke schälen, längs halbieren und die Kerne mit einem Eßlöffel herausschaben. Die Gurkenhälften in Scheiben schneiden und in eine Schüssel füllen.

2 Die Tomaten waschen und achteln, dabei die Stielansätze entfernen. Die Frühlingszwiebeln putzen, waschen und in schmale Ringe schneiden. Mit den Tomatenachteln zu der Gurke geben.

3 Aus Essig, Öl, Tomatenmark, Salz und Pfeffer mit dem Schneebesen eine cremige Sauce rühren. Über die Salatzutaten gießen, alles mischen und kurz ziehen lassen.

4 Das Forellenfilet in Stücke teilen und vor dem Servieren unterheben.

> **TIP!**
> Anstelle des Räucherfischs können Sie auch geräucherten Schinken verwenden.

Gurkensalat mit Kresse und Sesam

● Schnell
● Gelingt leicht

Für 4 Personen:

1 Salatgurke
200 g Möhren
2 Kästchen Kresse
150 g Vollmilchjoghurt
2 EL geröstetes Sesamöl
3–4 EL Zitronensaft
1 Knoblauchzehe
1 TL gemahlener Kreuzkümmel
Salz · Pfeffer
3 EL Sesamsamen

Zubereitungszeit: 25 Min.

Pro Portion ca.: 700 kJ/170 kcal
5 g Ew/12 g F/12 g Kh

1 Die Gurke waschen, längs vierteln und in kleine Stücke schneiden. In eine Schüssel füllen.

2 Die Möhren schälen und auf einer Gemüsereibe grob dazu raspeln. Die Kresse abbrausen und mit einer Küchenschere über der Schüssel abschneiden.

3 Den Joghurt mit dem Sesamöl und dem Zitronensaft in eine kleine Schüssel geben. Den Knoblauch schälen und dazupressen. Mit Kreuzkümmel, Salz und Pfeffer kräftig würzen, gut verrühren und über die Salatzutaten gießen. Gut mischen und 10 Min. ziehen lassen.

4 Den Sesam in einer beschichteten Pfanne ohne Fett unter Rühren goldbraun rösten, aber nicht dunkel werden lassen. Vor dem Servieren über den Salat streuen.

Kopfsalat mit Radieschensprossen

● Gelingt leicht
● Schnell

Alle Sorten von Blattsalat können Sie so zubereiten, aber auch Salatmischungen (z. B. Batavia, Radicchio, Feldsalat, Löwenzahn, Chicorée und Lollo rosso) sehen schön aus und schmecken apart.

Für 4 Personen:

| 1 Kopfsalat |
| 50 g Radieschensprossen (Reformhaus) |
| 1 Bund Schnittlauch |
| 2 EL Sherryessig |
| 4 EL Sonnenblumenöl |
| 1 TL süßer Senf |
| Salz |
| Pfeffer |

Zubereitungszeit: 15 Min.

Pro Portion ca.: 600 kJ/140 kcal
2 g Ew/14 g F/4 g Kh

1 Den Kopfsalat putzen, in einzelne Blätter teilen, gründlich waschen und in einem Sieb gut abtropfen lassen. Große Blätter kleinzupfen.

2 Die Sprossen in einem Sieb unter fließendem Wasser abbrausen, abtropfen lassen. Den Schnittlauch waschen und in Röllchen schneiden.

3 In einer Schüssel den Essig, das Öl, den Senf, Salz und Pfeffer mit einem Schneebesen cremig schlagen. Den Schnittlauch dazugeben, die Sauce unter den Salat mischen.

VARIANTEN

Unter die Sauce können Sie 100 g zerdrückten Blauschimmelkäse und 3 EL Crème fraîche mischen, dann die Essig und Ölmenge um die Hälfte reduzieren.

Kartoffelsalat

● Gut vorzubereiten
● Preiswert

Für 4 Personen:

| 1 kg vorwiegend festkochende Kartoffeln |
| 2 TL Kümmelkörner |
| 1/4 l Gemüsebrühe |
| 6 EL Weißweinessig |
| Salz |
| Pfeffer |
| 1 Bund Frühlingszwiebeln |
| 1 EL mittelscharfer Senf |
| 6 EL Öl |

Zubereitungszeit: 1 Std.
Marinierzeit: 30 Min.

Pro Portion ca.: 1450 kJ/350 kcal
6 g Ew/21 g F/36 g Kh

1 Die Kartoffeln waschen, in einen Topf füllen und den Kümmel dazugeben. Knapp mit Wasser bedecken und zugedeckt 25–30 Min. garen. Dann abgießen, pellen und über einer Schüssel in dünne Scheiben schneiden.

2 Die Gemüsebrühe mit 3 EL Weißweinessig aufkochen lassen. Mit Salz und Pfeffer kräftig würzen. Über die warmen Kartoffeln gießen und vorsichtig mischen, so daß die Scheiben möglichst ganz bleiben. Zugedeckt 30 Min. durchziehen lassen.

3 Inzwischen die Frühlingszwiebeln putzen, waschen, in sehr feine Ringe schneiden und bis auf 2 EL zu den Kartoffeln geben.

4 Den restlichen Essig mit Senf, Salz, Pfeffer und dem Öl mit einem kleinen Schneebesen verrühren. Die Sauce über die Kartoffeln gießen und nochmals mischen. Den Kartoffelsalat abschmecken und, falls nötig, nachwürzen. Mit den restlichen Frühlingszwiebeln bestreuen.

VARIANTEN

Deftiger wird der Kartoffelsalat, wenn Sie 100 g durchwachsenen Speck klein würfeln, knusprig ausbraten und untermischen.

Außerdem können Sie den Salat mit folgenden Zutaten immer neu variieren:
1 Bund Radieschen, in Scheiben geschnitten
oder
1 Salatgurke in Scheiben gehobelt
oder
3 gewürfelte Gewürzgurken
oder
3 gewürfelte säuerliche Äpfel untermischen.
Edel wird er mit 250 g gegarten und geschälten Shrimps und einer kleingewürfelten Avocado. Dazu ein Dressing aus Mandelöl, Zitronensaft und Dill bereiten. Ihrer Phantasie sind keine Grenzen gesetzt.

Im Bild vorne: Kartoffelsalat
Im Bild hinten: Kopfsalat mit Radieschensprossen

Party-salate

Für Feste sind Salate ganz prima geeignet, weil sie sich gut vorbereiten lassen.

Die Mengen

Wenn es nur Salat gibt, sollten Sie mindestens drei Sorten aussuchen, die sich gut ergänzen (Gemüse, Fleisch und Hülsenfrüchte). Pro Person rechnen Sie 4–5 Portionen. Wenn der Salat auf einem kalten Buffett steht, reicht meistens eine Schüssel.

Salatbuffet

Für Parties eignen sich besonders Salate, die gut durchziehen müssen und auch nach längerer Zeit noch appetitlich aussehen. Mischen Sie kurz bevor die Gäste kommen nochmals Kräuter unter, das unterstützt das Aroma und wirkt frisch. Wenn Sie Blattsalat anbieten möchten: Lassen Sie ihn lieber unangemacht und stellen das Dressing mit einem Schöpflöffel daneben. Die Salatschüsseln sollten immer so groß wie möglich sein, damit man gut darin mischen kann. Praktisch ist ein Salatbesteck mit langen Griffen, damit es nicht in die Schüssel abrutscht. Stellen Sie aufs Salatbuffett einen großen Korb mit unterschiedlichen Brotsorten, Crackern und Grissini.

Frische Zutaten

Knoblauch: Achten Sie immer darauf, daß Sie frischen Knoblauch kaufen. Finden Sie in der Knoblauchzehe einen grünen Keim, bitte entfernen, denn der hat einen unangenehmen Bitterton.

Frische Kräuter sind das berühmte »i-Tüpfelchen« für viele Salate. Am besten kaufen Sie sie frisch als Bund oder im Töpfchen. Oder noch besser: Sie legen Ihren eigenen Kräutergarten an. Das geht auch in Töpfen auf der Fensterbank. Und zur Not läßt sich auch mal auf tiefgekühlte Salatkräuter zurückgreifen.

Zwiebel: Am besten für Salate geeignet sind die rote, die weiße und die Gemüsezwiebel. Sie alle schmecken mild-würzig. Sie werden geschält und gewürfelt oder in Ringe, Halbringe oder Streifen geschnitten. Frühlingszwiebeln werden gewaschen und geputzt; man verwendet die kleingeschnittene weiße Zwiebel und das Grün in Stücken oder Ringen.

Gewürzfladen

Toll zu vielen Salaten schmeckt dieser Gewürzfladen. Dazu 200 g Mehl in eine Schüssel sieben und in die Mitte eine Mulde drücken. 1 Prise Salz darüber streuen, 1 EL Olivenöl hineingeben und mit etwas Mehl vermischen. Nach und nach 100 ml lauwarmes Wasser und 2 EL geriebenen Emmentaler unterkneten, bis ein glatter Teig entstanden ist. Zugedeckt 15 Min. ruhen lassen. Den Backofen auf 200° vorheizen.

Den Teig in 10 Stücke teilen und jede Portion auf einer bemehlten Arbeitsfläche zu einem runden Fladen von etwa 10 cm ⌀ ausrollen oder -drücken. Ein Blech mit Backpapier auslegen, die Fladen darauf legen und mit gehackten grünen Oliven, Sesamsamen, Kümmel, mit Mohn oder mit grobem Meersalz bestreuen. Im Backofen (Mitte) 10 Min. backen.

Die Fladen lassen sich auch gut einfrieren und bei Bedarf schnell aufbacken.

Frische Kräuter gehören an jeden Salat. Von links Minze, Thymian, Basilikum, Rosmarin.

Putensalat mit Lauch und Austernpilzen

● Raffiniert
● Für die schlanke Linie

Für 6–8 Personen:

Salz
750 g Lauch
400 g Austernpilze
500 g Putenschnitzel
6 EL Öl
Pfeffer
1 große, rote Paprikaschote
4–5 EL Zitronensaft
1 Prise Zucker

Zubereitungszeit: 35 Min.
Bei 8 Personen pro Portion ca.:
940 kJ/220 kcal
14 g Ew/14 g F/10 g Kh

1 Reichlich Salzwasser aufkochen lassen. Den Lauch putzen, längs aufschneiden und gründlich waschen. Schräg in etwa 1/2 cm breite Ringe schneiden. Im kochenden Wasser 2 Min. blanchieren, eiskalt abbrausen und in einem Sieb gut abtropfen lassen.

2 Die Austernpilze putzen, falls nötig, kurz abbrausen und harte Stellen entfernen. Die Pilze in zentimeterbreite Streifen schneiden.

3 Die Putenschnitzel erst in Streifen, dann in mundgerechte Würfel schneiden. 2 EL Öl in einer breiten Pfanne erhitzen und das Putenfleisch darin 3–4 Min. kräftig braten. Salzen, pfeffern, herausnehmen und abkühlen lassen.

4 1 EL Öl in der Pfanne erhitzen und die Austernpilze bei starker Hitze unter Rühren 7 Min. braten. Salzen, pfeffern, herausnehmen und abkühlen lassen. Die Paprika putzen, waschen und in kleine Würfel schneiden.

5 In einer großen Schüssel aus Zitronensaft, Salz, Pfeffer, Zucker und dem restlichen Öl mit dem Schneebesen eine cremige Salatsauce rühren. Alle Zutaten darin wenden.

Nudel-Gemüse-Salat mit Parmesansauce

● Gut vorzubereiten
● Gelingt leicht

Für 6–8 Personen:

Salz
250 g schmale, grüne Bandnudeln
500 g Broccoli
300 g Erbsen (tiefgekühlt und aufgetaut)
500 g möglichst kleine Zucchini
1 Zwiebel
je 1 Bund Schnittlauch, Petersilie und Basilikum
2 Knoblauchzehen
7 EL Olivenöl
5 EL Aceto Balsamico
schwarzer Pfeffer
50 g frisch geriebener Parmesan

Zubreitungszeit: 40 Min.
Marinierzeit: 30 Min.

Bei 8 Personen pro Portion ca.:
1400 kJ/330 kcal
14 g Ew/16 g F/37 g Kh

1 Reichlich Salzwasser aufkochen lassen und die Nudeln darin nach Packungsanleitung »al dente« kochen. Die Nudeln in ein Sieb gießen, das Wasser dabei auffangen. Die Nudeln kalt abbrausen und gut abtropfen lassen.

2 Inzwischen den Broccoli waschen und in Röschen teilen. Die Stiele schälen und kleinschneiden. Das Nudelwasser aufkochen lassen, den Broccoli darin in 6 Min. bißfest garen. In den letzten 3 Min. die Erbsen mitgaren. In einem Sieb eiskalt abschrecken und gut abtropfen lassen.

3 Die Zucchini waschen, putzen und grob raspeln. Die Zwiebel schälen und klein würfeln. Beides mit den Nudeln, Broccoli und Erbsen in eine Schüssel füllen.

4 Die Kräuter waschen, kleinschneiden und dazugeben. Den Knoblauch schälen und darüber pressen.

5 Aus Olivenöl, Essig, Salz, Pfeffer und Parmesan eine Salatsauce rühren, über die Zutaten gießen, mischen und 30 Min. duchziehen lassen.

TIP!

Sie können nach Belieben in Streifen geschnittenen Parmaschinken untermischen.

Wurstsalat mit Radieschen

● Gelingt leicht
● Spezialität aus Bayern

Für 6–8 Personen:

2 Zwiebeln
2 Bund Radieschen
4–5 Essiggurken
2 Bund Schnittlauch
1 kg Lyoner (oder Fleischwurst)
5 EL Apfelessig
6 EL Sonnenblumenöl
Salz
Pfeffer
2 TL Weißwurstsenf

Zubereitungszeit: 30 Min.

Bei 8 Personen pro Portion ca.:
2700 kJ/650 kcal
16 g Ew/61 g F/9 g Kh

1 Die Zwiebeln schälen, vierteln und in feine Streifen schneiden. Die Radieschen putzen, waschen und mit den Essiggurken in Scheiben schneiden. Alles in eine Schüssel füllen. Den Schnittlauch waschen, in Röllchen schneiden und dazugeben.

2 Die Lyoner häuten, in Scheiben schneiden und in die Schüssel geben.

3 Aus Apfelessig, Öl, Salz, Pfeffer und Senf mit dem Schneebesen eine cremige Sauce rühren und über die Salatzutaten gießen. Gut mischen, zugedeckt kurz durchziehen lassen, dann abschmecken und, falls nötig, nachwürzen. Reichen Sie dazu Bauernbrot und Bier.

> **TIP!**
> Anstelle der Radieschen können Sie auch einen Rettich verwenden, auch in dünne Scheiben schneiden oder grob raspeln. Wer Weißwurstsenf nicht bekommt oder nicht so schätzt, kann ihm durch mittelscharfen Senf und 1 Prise Zucker ersetzen.

Deftiger Linsensalat

● Preiswert
● Gut vorzubereiten

Für 6–8 Personen:

500 g Tellerlinsen
1 große Zwiebel
2 Lorbeerblätter
2 Gewürznelken
Salz
300 g durchwachsener Speck in dickeren Scheiben
6 EL Rotweinessig
250 g Möhren
je 1 rote und gelbe Paprikaschote
1 Bund Frühlingszwiebeln
7 EL Kürbiskernöl
2 TL Senf
Pfeffer
1 Prise Zucker

Einweichzeit: 12 Std.
Zubereitungszeit: 1 Std.

Bei 8 Personen pro Portion ca.:
2370 kJ/570 kcal
30 g Ew/31 g F/44 g Kh

1 Die Linsen in einem Topf mit reichlich kaltem Wasser bedecken und am besten über Nacht einweichen, bei Bedarf Wasser nachgießen.

2 Die Zwiebel schälen, mit den Lorbeerblättern und den Nelken bestecken und zu den Linsen geben.

3 Die Linsen im Einweichwasser mit 2 TL Salz aufkochen lassen und zugedeckt in 30–40 Min. garen. Dann in ein Sieb schütten, kalt abbrausen, sehr gut abtropfen lassen und in eine Schüssel füllen.

4 Den Speck ohne Schwarte klein würfeln. In einer beschichteten Pfanne bei mittlerer Hitze knusprig ausbraten. Mit dem Fett über die Linsen gießen und mit 3 EL Rotweinessig untermischen.

5 Die Möhren schälen und grob zu den Linsen raspeln. Die Paprikaschoten putzen, waschen und klein würfeln. Die Frühlingszwiebeln putzen, waschen, in feine Ringe schneiden und mit den Paprikawürfeln in die Schüssel füllen.

6 Aus dem restlichen Rotweinessig, Kürbiskernöl, Senf, Salz, Pfeffer und Zucker eine Salatsauce rühren. Die Sauce über die Linsen gießen und gut mischen. Den Salat 20 Min. zugedeckt ziehen lassen, dann abschmecken und, falls nötig, nachwürzen.

TIP!

Sie können gut Kabanossi oder andere Räucherwurst statt dem Speck unter die Linsen mischen.
Wenn's schnell gehen soll, können Sie auch Linsen aus der Dose verwenden, die nur abgetropfen lassen und wie oben beschrieben weiterverarbeiten.

Im Bild vorne: Deftiger Linsensalat
Im Bild hinten: Wurstsalat mit Radieschen

Gemüserohkost mit Mortadella

- Schnell
- Gelingt leicht

Für 6–8 Personen:

2 Fenchelknollen
300 g Möhren
2 große rote Paprikaschoten
300 g Zucchini
250 g Staudensellerie
1 Salatgurke
300 g Mortadella in dünnen Scheiben
200 g Sahnegorgonzola
150 g Crème fraîche
2 EL Öl
6–7 EL Zitronensaft
Salz · Pfeffer

Zubereitungszeit: 30 Min.
Bei 8 Personen pro Portion ca.:
1410 kJ/340 kcal
14 g Ew/25 g F/17 g Kh

1 Den Fenchel putzen, das Grün beiseite legen. Die Knollen halbieren und in feine Scheiben schneiden. Die Möhren schälen und in streichholzgroße Streifen schneiden. Die Paprika putzen, waschen und längs in schmale Streifen schneiden. Die Zucchini waschen, putzen und schräg in Scheiben schneiden. Den Staudensellerie putzen, waschen und in etwa 5 cm lange Stücke schneiden, breite Stangen nochmals längs halbieren. Die Gurke schälen und in Scheiben schneiden.

2 Die Mortadella in schmale Streifen schneiden. Das Gemüse getrennt nebeneinander mit der Mortadella auf einer Platte anrichten.

3 Den Gorgonzola mit der Crème fraîche, dem Öl und dem Zitronensaft im Mixer pürieren. Die Sauce mit Salz und Pfeffer würzen. Das Fenchelgrün fein hacken und untermischen. Die Sauce separat stellen, so daß sich jeder den Salat selbst mischen kann. Reichen Sie dazu Grissini und Toscanabrot, als Getränk italienischen Rotwein, z. B. Chianti.

Bunter Eiersalat mit Mais

- Gut vorzubereiten
- Preiswert

Für 6–8 Personen:

10 Eier
2 Dosen Mais (je 285 g Inhalt)
2 rote Paprikaschoten
1 Zwiebel
2 Bund Petersilie
150 g Mayonnaise (80 %)
4 EL Joghurt
2 EL Curry
4–5 EL Zitronensaft
Salz · Pfeffer
1 Prise Zucker

Zubereitungszeit: 40 Min.
Bei 8 Personen pro Portion ca.:
1280 kJ/310 kcal
12 g Ew/22 g F/20 g Kh

1 Die Eier in 10 Min. hart kochen, eiskalt abschrecken, pellen und abkühlen lassen. Mit dem Eierschneider einmal quer und einmal längs durchschneiden, so daß kleine Würfel entstehen. Die Eierwürfel in eine Schüssel geben.

2 Den Mais in ein Sieb gießen und gut abtropfen lassen. Die Paprika halbieren, putzen, waschen und in kleine Würfel schneiden. Die Zwiebel schälen und fein hacken. Die Petersilie waschen, die Blättchen fein hacken. Alles zu den Eiern in die Schüssel geben.

3 Die Mayonnaise mit dem Joghurt, dem Curry, dem Zitronensaft, Salz und Pfeffer verrühren und über die Salatzutaten gießen. Den Salat gut mischen und zugedeckt 15 Min. ziehen lassen. Dazu paßt warmer Sesamfladen (Seite 51).

> **TIP!**
> Anstelle von Mais können Sie auch gut frische oder Tiefkühl-Erbsen verwenden, die müssen dann kurz blanchiert bzw. gegart werden.

Im Bild vorne: Bunter Eiersalat mit Mais
Im Bild hinten: Gemüserohkost mit Mortadella

Reissalat mit Thunfisch und Tomaten

● Gut vorzubereiten
● Preiswert

Für 6–8 Personen:

Salz
250 g Langkornreis
1 Salatgurke
500 g Fleischtomaten
2 Dosen Thunfisch im eigenen Saft (je 195 g Inhalt)
2 Bund Petersilie
5–7 EL Rotweinessig
7 EL Olivenöl
Pfeffer
2 Knoblauchzehen
100 g schwarze Oliven

Zubereitungszeit: 40 Min.
Marinierzeit: 30 Min.

Bei 8 Personen pro Portion ca.:
1460 kJ/350 kcal
17 g Ew/15 g F/41 g Kh

1 Reichlich Salzwasser aufkochen lassen und den Reis darin zugedeckt bei schwacher Hitze in 20 Min. ausquellen lassen. In einem Sieb eiskalt abbrausen, gut abtropfen und abkühlen lassen.

2 Inzwischen die Gurke schälen, klein würfeln und in eine Schüssel füllen. Die Tomaten überbrühen, häuten und entkernen. Das Fruchtfleisch in kleine Würfel schneiden und dazugeben.

3 Den Thunfisch abgießen, aus der Dose nehmen und zerpflücken. Mit dem Reis zum Gemüse in die Schüssel füllen. Die Petersilie waschen, die Blättchen hacken und darüber streuen.

4 Aus Rotweinessig, Olivenöl, Salz und Pfeffer mit dem Schneebesen eine cremige Sauce rühren. Den Knoblauch schälen und dazupressen.

5 Die Sauce über die Salatzutaten gießen, die Oliven untermischen. Zugedeckt 30 Min. ziehen lassen, dann nochmals abschmecken.

Eisbergsalat mit Kasseler

- 🟡 Schnell
- 🔴 Gelingt leicht

Für 6–8 Personen:

1 Eisbergsalat (etwa 750 g)
2 rote Zwiebeln
2 Kästchen Kresse
400 g Kasseler ohne Knochen
2 Knoblauchzehen
5 Scheiben Graubrot
3 EL Butter
150 g Kräuterfrischkäse
5 EL Apfelessig
3 EL Öl
Salz
Pfeffer
1 TL Paprika, edelsüß
1 Bund Petersilie

Zubereitungszeit: 30 Min.

Bei 8 Personen pro Portion ca.:
1270 kJ/300 kcal
14 g Ew/18 g F/21 g Kh

1 Den Eisbergsalat putzen, waschen, gut abtropfen lassen oder trockenschleudern und zerpflücken. Die Zwiebeln schälen und klein würfeln. Mit dem Salat in eine Schüssel füllen. Die Kresse abbrausen und die Blättchen direkt über der Schüssel abschneiden. Das Kasseler in kleine Würfel schneiden und dazugeben.

2 Den Knoblauch schälen. Das Graubrot entrinden und in Würfel schneiden. Die Butter in einer Pfanne erhitzen, das Brot darin goldbraun braten, dabei den Knoblauch darüber pressen.

3 Den Frischkäse mit 3 EL Wasser, dem Apfelessig und dem Öl zu einer cremigen Sauce verrühren. Mit Salz, Pfeffer und Paprika würzen. Die Petersilie waschen, die Blättchen fein hacken und dazugeben. Die Sauce mit den Salatzutaten mischen. Vor dem Servieren die Knoblauchcroûtons untermischen oder darüber streuen.

TIP!

Wenn Sie den Salat auf ein Buffet stellen, ist es besser, den Salat, die Sauce und die Croûtons separat anzurichten. So fällt der Salat durch die Sauce nicht so schnell zusammen, und die Croûtons weichen nicht auf.

Kartoffel-Gemüse-Salat

- Gelingt leicht
- Preiswert

Für 8–10 Personen:

800 g vorwiegend festkochende Kartoffeln
6 EL Weißweinessig
Salz • Pfeffer
250 g Möhren
1 Salatgurke
250 g Staudensellerie
1 Bund Frühlingszwiebeln
3 sehr frische Eigelbe
1 EL Senf
2 EL Zitronensaft
2 Knoblauchzehen
1/4 l Öl

Zubereitungszeit: 1 1/4 Std.
Marinierzeit: 30 Min.

Bei 10 Personen pro Portion ca.:
1210 kJ/290 kcal
3 g Ew/25 g F/16 g Kh

1 Die Kartoffeln waschen, in einem Topf knapp mit Wasser bedeckt 30 Min. garen. Pellen, abkühlen lassen, in zentimetergroße Würfel schneiden. In einer Schüssel mit dem Essig, Salz und Pfeffer mischen und ziehen lassen.

2 Die Möhren und die Gurke schälen und klein würfeln. Staudensellerie putzen, waschen und in dünne Scheiben schneiden. Die Frühlingszwiebeln putzen, waschen und in schmale Ringe schneiden. Alles zu den Kartoffeln geben.

3 Die Eigelbe in einem Rührbecher mit Salz, Pfeffer, Senf und Zitronensaft verrühren. Knoblauch schälen und dazupressen. Das Öl in dünnem Strahl dazugießen, dabei mit dem Schneebesen des Handrührers kräftig schlagen, bis eine cremige Mayonnaise entstanden ist.

4 Die Mayonnaise abschmecken und unter das Gemüse mischen. Den Kartoffelsalat zugedeckt im Kühlschrank 30 Min. durchziehen lassen.

> **TIP!**
> Nach Belieben können Sie noch Salamiwürfel, Leberkäsewürfel oder Schinkenstreifen untermischen.

Bohnensalat mit Avocadosauce

- Raffiniert
- Gut vorzubereiten

Für 6–8 Personen:

600 g Schweineschnitzel
7 EL Olivenöl
Salz
Pfeffer
1 Prise Cayennepfeffer
600 g grüne Bohnen
2 Zwiebeln
3 Dosen Kidneybohnen (je 400 g Inhalt)
1 reife Avocado
2–3 Knoblauchzehen
1 Bund Rucola
8–10 EL Zitronensaft

Zubereitungszeit: 45 Min.
Marinierzeit: 30 Min.

Pro Portion ca.: 1255 kJ/300 kcal
20 g Ew/20 g F/9 g Kh

1 Das Fleisch in mundgerechte Würfel schneiden. In einer Pfanne 2 EL Olivenöl erhitzen und die Fleischwürfel darin portionsweise rundum 6–8 Min. braten. Mit Salz, Pfeffer und Cayennepfeffer würzen, herausnehmen und abkühlen lassen.

2 Die grünen Bohnen putzen und waschen. Salzwasser aufkochen lassen, die Bohnen darin 15 Min. garen. Abgießen, eiskalt abschrecken, abtropfen lassen und in zentimeterlange Stücke schneiden.

3 Die Zwiebeln schälen und fein hacken und mit den Bohnen in eine Schüssel füllen. Die Kidneybohnen in ein Sieb schütten, abbrausen, gut abtropfen lassen und mit den Fleischwürfeln dazugeben.

4 Die Avocado schälen, quer halbieren, den Kern entfernen und das Fruchtfleisch grob zerschneiden. Den Knoblauch schälen. Beides in den Mixer geben.

5 Rucola waschen, von den Stielen befreien und dazugeben. Zusammen mit dem restlichen Olivenöl und dem Zitronensaft pürieren. Die Sauce mit Salz, Pfeffer und Cayennepfeffer kräftig würzen.

6 Die Sauce über die Salatzutaten gießen, durchmischen und mindestens 30 Min. ziehen lassen, vor dem Servieren noch mal abschmecken. Als Beilage schmecken warme Weizentortillas. Die gibt's fertig zu kaufen, man muß sie nur noch wärmen. Als Getränk dazu paßt sehr gut Bier oder Rotwein.

TIP!

Avocado kommt ursprünglich aus Mexiko, schon die Azteken haben sie angebaut. Sie nannten sie aufgrund des cremigen, hellgrünen Fruchtfleisches Butter des Waldes. Inzwischen kann man sie bei uns das ganze Jahr über kaufen. Sie ist reich an den Mineralstoffen Kalium und Magnesium und den Vitaminen E und B_6 sowie einfach und mehrfach ungesättigten Fettsäuren. Avocaos müssen aber richtig reif sein, damit sie ihre cremige Konsistenz und ihr typisches Aroma entwickeln. Noch unreife Früchte einfach in Zeitungspapier wickeln und bei Zimmertemperatur 2–5 Tage nachreifen lassen. Reife Früchte gehören in den Kühlschrank.

Im Bild vorne: Kartoffel-Gemüse-Salat
Im Bild hinten: Bohnensalat mit Avocadosauce

Rezept- und Sachregister

Ananas: Hähnchensalat
  mit Ananas und
  Sprossen 45
Artischockenherzen
  mit Schinken 10
Auberginen: Lauwarmer
  Auberginensalat 24
Austernpilze
  Lollo rosso mit
  Austernpilzen und
  Speck 14
  Putensalat mit Lauch
  und Austernpilzen 52
Avocado
  Bohnensalat mit
  Avocadosauce 60
  Chicorée mit Avo-
  cado und Lachs 14
  Warenkunde 60

Bauernsalat 20
Bohnen
  Bohnensalat mit
  Avocadosauce 60
  Dekotip 17
  Bohnensalat mit
  Rucola und Kirsch-
  tomaten 44
Bruschetta 4
Bulgur: Tabouleh
Bündner Fleisch:
  Rucolasalat mit
  Bündner Fleisch 9
Bunter Eiersalat mit
  Mais 56
Bunter Tomatensalat 42
Buntmesser 5

Caesar's Salad 18
Champignonsalat mit
  Paprika und Salami 37
Chicorée
  Chicorée mit Avocado
  und Lachs 14
  Warenkunde 28

Deftiger Linsensalat 54

Eichblatt
  Eichblattsalat mit
  gratiniertem Ziegen-
  käse 38
  Warenkunde 28
Eiersalat: Bunter Eier-
  salat mit Mais 56
Eisbergsalat mit
  Kasseler 59
Erdbeeren: Gurkensalat
  mit Erdbeeren 46
Erdnußsauce:
  Gado Gado 22
Essig (Warenkunde) 40

Feldsalat
  Feldsalat mit Geflügel-
  leber 36

Impressum

© 1997 Gräfe und Unzer Verlag GmbH, München. Alle Rechte vorbehalten. Nachdruck, auch auszugsweise, sowie Verbreitung durch Film, Funk und Fernsehen, durch fotomechanische Wiedergabe, Tonträger und Datenverarbeitungssysteme jeglicher Art nur mit schriftlicher Genehmigung des Verlages.

Redaktion: Adelheid Schmidt-Thomé, Christine Wehling
Layout, Typographie und Umschlaggestaltung: Heinz Kraxenberger
Satz und Herstellung: BuchHaus GmbH Robert Gigler
Produktion: Helmut Giersberg
Fotos: Odette Teubner; Aigner Impuls (Seite 40)
Reproduktion: Fotolito Longo, I-Frangart
Druck und Bindung: Kaufmann, Lahr

Cornelia Adam
arbeitete zunächst als engagierte Hotelfachfrau. Später konnte sie ihre vielfältigen Erfahrungen berufsbedingter Auslandsaufenthalte als Redakteurin einer bekannten deutschen Frauenzeitschrift in Wort und Bild umsetzen. Seit langem arbeitet sie als freiberufliche Food-Journalistin und Kochbuchautorin.

Odette Teubner
wuchs bereits zwischen Kameras, Scheinwerfern und Versuchsküche auf. Ausgebildet wurde sie durch ihren Vater, den international bekannten Food-Fotografen Christian Teubner. Nach einem kurzen Ausflug in die Modefotografie kehrte sie in die Foodbranche zurück und hat seitdem das seltene Glück, Beruf und Hobby zu vereinen. Odette Teubner liebt die tägliche Herausforderung, die Frische und Natürlichkeit der Lebensmittel optimal in Szene zu setzen.

Rezept- und Sachregister

Geräuchertes Forellen-
filet auf Feldsalat 13
Warenkunde 28
Forelle
Geräuchertes Forellen-
filet auf Feldsalat 13
Gurkensalat mit
Forelle 47
Friséesalat
Friséesalat mit Mango
und Putenstreifen 12
Steakstreifen auf
Friséesalat 32
Warenkunde 28
Frühlingszwiebeln
(Dekotip) 17

Gado Gado 22
Garnelen: Romanasalat
mit Garnelen 6
Gebratener Thunfisch
auf Radicchio 38
Geflügelleber: Feldsalat
mit Geflügelleber 36
Gemüse blanchieren 5
Gemüsekerber 5
Gemüserohkost mit
Mortadella 56
Geräuchertes Forellen-
filet auf Feldsalat 13
Gewürzfladen 51
Glasnudeln
Glasnudelsalat mit
Gemüse 22
Warenkunde 16
Gurke
Gurkensalat mit Dill 46
Gurkensalat mit
Erdbeeren 46
Gurkensalat mit
Forelle 47

Gurkensalat mit
Kresse und Sesam 47
Melonen-Gurken-
Salat mit Minze 10

Hähnchensalat mit
Ananas und Sprossen 45
Hühnerbrüstchen auf
Blattsalaten 34

Ingwer (Warenkunde) 16

Jakobsmuscheln auf
Spinatsalat 8
Joghurtsauce 41

Kartoffel-Gemüse-
Salat 60
Kartoffelsalat 48
Käsesalat mit Knoblauch-
nüssen 33
Kasseler: Eisbergsalat
mit Kasseler 59
Klößchenmasse 5
Knoblauch
Knoblauchbaguette 4
Warenkunde 51

Kopfsalat
Kopfsalat mit Radies-
chensprossen 48
Kräuter (Warenkunde) 28
Kresse: Gurkensalat mit
Kresse und Sesam 47
Kugelausstecher 5

Lachs: Chicorée mit
Avocado und Lachs 14
Lammhackbällchen auf
Blattsalaten 30
Lauch: Putensalat mit
Lauch und Austern-
pilzen 52
Lauwarmer Auberginen-
salat 24
Lauwarmer Gemüsesalat
mit Ingwe 30
Linsen: Deftiger Linsen-
salat 54
Warenkunde 28
Lollo rosso
Lollo rosso mit Austern-
pilzen und Speck 14
Warenkunde 29

Mais: Bunter Eiersalat
mit Mais 56
Mango
Friséesalat mit Mango
und Putenstreifen 12
Mango vorbereiten 5
Matjessalat mit roter
Bete 27
Mayonnaise 41
Meeresfrüchtesalat
mit Gemüse 26

Melonen-Gurken-Salat
mit Minze 10
Meschun (Warenkunde) 29
Mortadella: Gemüseroh-
kost mit Mortadella 56

Nudel-Gemüse-Salat
mit Parmesansauce 53
Nüsse (Warenkunde) 29

Öle (Warenkunde) 30

Panzanella 20
Paprikschoten: Champi-
gnonsalat mit Paprika
und Salami 37
Parmesan
Nudel-Gemüse-Salat
mit Parmesansauce 53
Dekotip 17
Peperoniblüte 17
Putenfleisch
Friséesalat mit Mango
und Putenstreifen 12
Putensalat mit Lauch
und Austernpilzen 52

Rezept- und Sachregister

Radicchio
 Gebratener Thunfisch
  auf Radicchio 38
 Warenkunde 29
Radieschen: Wurstsalat
 mit Radieschen 54
Radieschensprossen:
 Kopfsalat mit
 Radieschensprossen 48
Reissalat mit Thunfisch
 und Tomaten 58
Romanasalat
 Romanasalat mit
  Garnelen 6
 Warenkunde 29
Rote Beten: Matjessalat
 mit roter Bete 27
Rucola
 Bohnensalat mit Rucola
  und Kirschtomaten 44
 Rucolasalat mit
  Bündner Fleisch 9
 Warenkunde 29

Salade Niçoise 19
Salami: Champignon-
 salat mit Paprika und
 Salami 37
Samen (Warenkunde) 29
Sardellenfilets
 (Warenkunde) 17
Scampi auf Zucker-
 schoten 34
Schinken
 Artischockenherzen
  mit Schinken 10
 Spargelsalat mit
  Schinkenmousse 6

Selleriesalat mit Senf-
 sauce 42
Senfsauce: Selleriesalat
 mit Senfsauce 42
Sesamsamen: Gurkensalat
 mit Kresse und Sesam 47
Sojasprossen
 Hähnchensalat mit
  Ananas und Sprossen 45
 Warenkunde 17
Spargelsalat mit
 Schinkenmousse 6
Speck: Lollo rosso mit
 Austernpilzen und
 Speck 14
Spinat: Jakobsmuscheln
 auf Spinatsalat 8
Steakstreifen auf
 Friséesalat 32

Tabouleh 24
Thunfisch: Reissalat
 mit Thunfisch und
 Tomaten 58
Tiefseegarnelen
 (Warenkunde) 17
Tomaten
 Bohnensalat mit
  Rucola und Kirsch-
  tomaten 44
 Bunter Tomatensalat 42
 Reissalat mit Thun-
  fisch und Tomaten 58

Vinaigrette 41

Wurstsalat mit Radies-
 chen 54

Zestenreiße 5
Ziegenkäse: Eichblatt-
 salat mit gratiniertem
 Ziegenkäse 38
Zwiebeln (Waren-
 kunde) 51
Zuckerschoten: Scampi
 auf Zuckerschoten 34

ABKÜRZUNGEN
TL = Teelöffel
EL = Eßlöffel
Msp. = Messerspitze

kJ = Kilojoules
kcal = Kilokalorien
Ew = Eiweiß
F = Fett
Kh = Kohlenhydrate

Das Original mit Garantie

IHRE MEINUNG IST UNS WICHTIG. Deshalb möchten wir Ihre Kritik, gerne aber auch Ihr Lob erfahren, um als führender Ratgeberverlag für Sie noch besser zu werden. Darum: Schreiben Sie uns! Wir freuen uns auf Ihre Post und wünschen Ihnen viel Spaß mit Ihrem GU-Ratgeber.

UNSERE GARANTIE: Sollte ein GU-Ratgeber einmal einen Fehler enthalten, schicken Sie uns bitte das Buch mit einem kleinen Hinweis und der Quittung innerhalb von sechs Monaten nach dem Kauf zurück. Wir tauschen Ihnen den GU-Ratgeber gegen einen anderen zum gleichen oder ähnlichen Thema um.

Ihr Gräfe und Unzer Verlag
Redaktion Kochen
Postfach 86 03 25
81630 München
Fax: 089/41981-113
e-mail: leserservice@
graefe-und-unzer.de